すぐに役立つ

◆入門図解◆
最新 成年後見のしくみと
申請手続き

司法書士 **安部 高樹** 監修

三修社

本書に関するお問い合わせについて
　本書の内容に関するお問い合わせは、お手数ですが、小社あてに郵便・ファックス・メールでお願いします。お電話でのお問い合わせはお受けしておりません。内容によっては、ご質問をお受けしてから回答をご送付するまでに1週間から2週間程度を要する場合があります。
　なお、個別の案件についてのご相談や監修者紹介の可否については回答をさせていただくことができません。あらかじめご了承ください。

はじめに

　成年後見制度とは、精神上の障害が理由で判断能力を欠く人や不十分な人が経済的な不利益を受けることがないように、支援してくれる人（成年後見人等と呼ばれます）をつける制度です。高齢化社会の到来と知的障害者等に対する充実した福祉の要請を背景にして、精神上の障害によって判断能力を欠く人等を保護することを目的に、2000年4月にはじまりました。成年後見制度を利用するためには家庭裁判所での保護者の選任や公正証書による契約など、煩雑な手続きが必要になります。高齢化社会と言われるようになって久しいですが、今後もニーズは増えていくと言えるでしょう。一方、「制度が依然として認知されていない」「後見人のなり手がいない」「後見人が本人の財産を必要以上に浪費している」など、制度がはじまって15年、さまざまな問題点も浮き彫りになっています。

　実際に成年後見制度を利用するとなると、司法書士などの専門家に依頼するための費用などもかかりますから、制度の内容を理解することが大切です。

　本書は、成年後見制度のしくみや手続きを知り、上手に活用していただくための知識を解説しています。平成28年5月に施行された成年後見制度利用促進法など、最新の法改正の内容もフォローしています。制度を利用する際に特に疑問に思うような事柄についてはケースごとに相談・回答として取り上げました。法定後見申立ての際に必要になる後見開始申立書、後見事務で家庭裁判所に提出する財産目録や年間収支予定表、任意後見契約公正証書、成年後見登記についての登記事項証明申請書や変更の登記申請書など、各種の書式を充実させています。

　また、成年後見制度の利用を検討する場合、同時に検討することが多い、介護や生活保護、遺言、死後事務委任といった事項についてもあわせて解説しています。

　本書をご活用いただき、成年後見制度の理解を深めていただければ監修者として幸いです。

監修者　司法書士　安部　高樹

Contents

はじめに

第1章 成年後見制度の全体像

1 成年後見制度とはどんな制度なのか 12
- 相談 介護施設に入所している父のために父名義の土地を売却したい 16
- 相談 成年後見制度を利用するとどんなメリットがあるのか 17
- 相談 会社役員の父の認知症が進んだため成年後見制度を利用したいが不都合はないのか 19

2 成年後見制度の利用法について知っておこう 20

3 法定後見制度について知っておこう 23

4 任意後見制度について知っておこう 25

5 任意後見と法定後見はどこが違うのか 27
- 相談 娘に支援してもらうには成年後見と任意後見のどちらを利用すべきか 33
- 相談 本人の自由を尊重し保護したい場合 34
- 相談 本人の判断能力が低下しつつある場合 34
- 相談 成年後見人に選任された場合に報酬はもらえるのか 35
- 相談 任意後見人の他に保佐人をつけることはできるか 36

6 成年後見制度利用促進法について知っておこう 37

第2章 法定後見制度のしくみ

1 後見について知っておこう 40
- 相談 成年後見人は日常の世話も行わなければならないのか 42

2 保佐について知っておこう　43
- 相談　保佐人に重要な法律行為以外の契約について同意権を与えるには　45

3 補助について知っておこう　46

4 成年後見人等にはどんな人がなれるのか　48
- 相談　成年後見人にはどのような人が選ばれるのか　51
- 相談　成年後見人を複数で担当したり専門家や法人を選ぶことはできるか　51
- 相談　成年後見人が死亡したらどうすればよいのか　52

5 後見人等の義務・仕事について知っておこう　53
- 相談　成年後見人が最初に行わなければならない仕事は何か　56
- 書式　財産目録（初回報告）　57
- 書式　年間収支予定表（初回報告）　59
- 書式　連絡票　60
- 書式　後見等事務報告書（定期報告）　61
- 書式　財産目録（定期報告）　64

6 財産管理や費用請求の問題点について知っておこう　66
- 相談　後見人として行った仕事にかかった交通費は支出できるか　71
- 相談　成年被後見人のための支出にはどのようなものが含まれるのか　71
- 相談　複数の収入がある成年被後見人の財産管理はどのように行えばよいか　72
- 相談　複数の預貯金口座を一つにまとめたいのだが自動引落となっている口座があり困っている　73
- 相談　成年被後見人の不動産を処分する場合の注意点　73
- 相談　成年後見人は本人所有のアパートの賃貸借契約を解除することができるか　74

相談 成年後見人が本人の遺産分割の協議を本人に代わって行う
　　　　　　場合の注意点　　　　　　　　　　　　　　　　　　　　75
　7　後見人の任務の終了について知っておこう　　　　　　　　　76
　　　書式　引継書　　　　　　　　　　　　　　　　　　　　　　78
　　　相談 後見人としての仕事を終える時には何をすればよいのか　　79
　　　相談 成年後見人の仕事を続けるのが難しくなった場合には辞め
　　　　　　られるのか　　　　　　　　　　　　　　　　　　　　　79
　8　後見人等を監視する制度もある　　　　　　　　　　　　　　81
　　　書式　監督事務報告書　　　　　　　　　　　　　　　　　　85
　　　相談 成年後見人を解任されたことがあるが別件の成年後見監督
　　　　　　人となれるか　　　　　　　　　　　　　　　　　　　　86
　　　相談 成年後見人が被後見人の土地を売るようだが大丈夫か　　　86

第3章　法定後見制度の申立て

　1　法定後見開始の申立てについて知っておこう　　　　　　　　88
　　　相談 成年後見人の候補者が決まっていないが成年後見開始の申
　　　　　　立を行いたい　　　　　　　　　　　　　　　　　　　　94
　　　相談 配偶者の叔母についての法定後見制度利用の申立てを行う
　　　　　　ことはできるか　　　　　　　　　　　　　　　　　　　94
　　　相談 すでに任意後見制度を利用しているがさらに別の後見制度
　　　　　　を申し立てることはできるか　　　　　　　　　　　　　95
　2　申立てにかかる費用や必要書類について知っておこう　　　　96
　　　相談 後見を利用する場合にはどうすればよいか　　　　　　　101
　　　相談 補助の制度を利用するにはどのような手続きが必要か　　101
　　　相談 補助開始の申立てを行う予定だが、実際に審判を得るまで
　　　　　　の時間と費用はどの程度かかるのか　　　　　　　　　　102

相談	法定後見制度を利用する際に提出する診断書は誰に書いてもらえばよいか	103
書式	後見開始申立書	104
書式	保佐開始申立書	106
書式	補助開始申立書	111

3 審判について知っておこう　　113
相談	後見開始の申立てを行ったところ申立内容とは異なる審判が下され納得がいかない	116
相談	家庭裁判所の調査官は成年後見申立人にどんなことを聞くのか	116
相談	一人暮らしの叔母が悪質業者と次々に契約を結んでいるため財産を保全したいのだが	117

4 鑑定はどのようにして行われるのか　　118
書式	診断書	122
相談	鑑定書が必要だと言われたがどのようなものなのか	123

Column 成年後見人による横領などの問題　　124

第4章 任意後見制度のしくみ

1 任意後見制度を利用する　　126
相談	複数の契約を結ぶ場合や複数の任意後見受任者がいる場合の費用はどうなるのか	133

2 任意後見人について知っておこう　　134

3 任意後見契約書は公正証書にする　　136
書式	任意後見契約公正証書	138
書式	代理権目録	142

| 書式 | 任意後見監督人選任申立書 | 147 |

4 任意後見監督人について知っておこう　149

5 任意後見はどんな場合に終了するのか 　153
　　書式　解除通知書（任意後見監督人選任前）　155
　　書式　解除通知書（任意後見監督人選任後）　155
　　相談　任意後見人が病気になり後見事務を行えない場合にはどう
　　　　すればよいか　156
　　相談　任意後見監督人が破産者となったらどうなるのか　156
　　相談　任意後見監督人選任前の任意後見契約の解除　157
　　相談　任意後見監督人選任後の任意後見人の解任　157
　　相談　任意後見人が本人の財産を自分のために使っている場合　158

6 見守り契約について知っておこう 　159
　　書式　見守り契約書　162

7 財産管理委任契約について知っておこう 　165
　　書式　財産管理委任契約書　167
　　相談　任意後見制度を利用せずに財産の管理をしてもらいたいが
　　　　方法はあるのか　168
　　相談　判断能力はあるが成年後見制度を利用したいのだが可能か　169
　　相談　老後と死後の財産管理や事務処理について誰かに頼みたい　169
　　相談　複数の人や専門家に財産管理を依頼する時に注意すべきこ
　　　　とは何か　170

Column　遺言はどのタイミングで作成するのがよいのか　172

第5章 成年後見登記制度のしくみ

1 成年後見登記制度について知っておこう 174
- 相談 成年後見制度の利用者の住所が変わった場合どのような手続きが必要なのか 178
- 相談 成年後見監督人の名字と住所が変わったが登記はどうすればよいか 178
- 相談 任意後見契約を結んだだけで登記に記載されてしまうのか 179

2 登記する内容と申請書の書き方について知っておこう 180
- 書式 変更の登記申請書 185
- 書式 終了の登記申請書 186

3 登記事項証明書について知っておこう 187
- 書式 登記事項証明申請書 190
- 書式 登記されていないことの証明申請書 191
- 相談 登記事項証明書の提出を求められたが誰が請求できるのか 192

第6章 成年後見に関連するその他の制度

1 成年後見制度を利用する際に頼れる専門家と報酬の目安 194

2 介護保険について知っておこう 199

3 介護施設について知っておこう 204
- 相談 有料老人ホームの契約の際に注意すべきことは何か 210
- 相談 民間の有料老人ホームには介護保険が適用されないのか 211
- 相談 親の代わりに介護施設の入所契約を結べるのか 212

4 介護保険の在宅・通所サービスについて知っておこう 213

|相談| 祖父の物忘れがひどくなってきたため認知症ではないかと
　　　　考えているが　　　　　　　　　　　　　　　　　　　　216
5　高齢者が加入する公的医療保険について知っておこう　　217
6　障害者総合支援法のサービスを利用する　　221
7　障害福祉サービスはどのように利用するのか　　224
8　信託について知っておこう　　228
9　後見制度支援信託について知っておこう　　233
10　生活保護について知っておこう　　236
11　死後事務委任契約について知っておこう　　239
　　|書式| 死後事務委任契約書　　241
12　生前契約について知っておこう　　243
　　|書式| 生前契約書　　246

第 1 章

成年後見制度の全体像

1 成年後見制度とはどんな制度なのか

判断能力の衰えた人の保護と尊重を考えた制度である

● 判断能力が不十分な人を助ける制度である

　成年後見制度とは、精神上の障害が理由で判断能力を欠く人や不十分な人が経済的な不利益を受けることがないように、支援してくれる人（**成年後見人等**と呼ばれます）をつける制度です。精神上の障害とは、知的障害や精神障害、認知症などです。

　平成12年４月に成年後見制度ができる以前は、禁治産・準禁治産制度という制度（旧制度）がありました。制度ができた当初とは社会事情が大きく変わってきたため、この制度はとても使いづらく、利用するには難しい問題をかかえていました。もちろん、禁治産・準禁治産制度でも、判断能力が十分でない人や単独で法律行為を行えない人が財産上の不利益を受けないように、後見人や保佐人をつけての支援は行われていました。

　しかし、禁治産者や準禁治産者という言葉には長い年月をかけて作られた負のイメージがありました。禁治産宣告を受けるための要件として条文に記載されていた言葉も、難解で差別的な表現が多くありました。さらに、禁治産・準禁治産の宣告を受けると、宣告を受けたことを戸籍に記載された他、禁治産者や準禁治産者の資格を制限する規定も数多く存在しました。こうした事情から心理的にこの制度を利用しにくい風潮があったのです。

　また、各制度を利用する場合に必要とされる本人の判断能力の程度や必要とされる支援の程度についても、類型化されていた範囲が狭く、実際に利用するには柔軟性に欠けていました。

　旧制度（禁治産・準禁治産制度）はこのように利用しにくい状況

だったのですが、世の中は急速に少子高齢化が進んでいます。国民の平均寿命が延び、高齢者の比率が高くなってきたのです。高齢者が生活する上では他人の手助けが必要になる場合が少なくありません。

たとえば介護や財産管理などです。手助けを家族が行えない場合も増えてきました。行政が措置として行っていた介護も、介護保険制度の導入を機に、契約を前提とするサービスへと変わりました。本人の意思を介護の現場に反映しやすい制度になったともいえますが、要介護認定を受けた人自身が自分に必要なサービスについての契約を結ばなければならなくなったのです。

こうした社会の変化に対応するため、旧制度を廃止して成年後見制度が作られました。成年後見制度（法定後見制度）では、後見、保佐に加えて補助という新しい類型ができ、判断能力と支援の程度を考える際に、柔軟に対応できるようになりました。

また、難解で問題のあった表現も改められ、旧制度上150種類ほどあった資格制限の規定のうち、40種類ほどが廃止され、より本人が尊重されるようになりました。戸籍とは別の後見登記制度という制度が作られ、戸籍への記載もなくなりました。

旧制度に対応する形で作られた法定後見制度の他に、新たに任意後

■ **成年後見制度のポイント**

理念	本人の自己決定の尊重と本人の保護の調和
支援の内容	・財産管理（本人の財産の維持・管理） ・身上監護（生活に関する手配、療養・介護の手配など）
支援の類型	・法定後見制度 　後見、保佐、補助（本人の判断能力の程度に対応） ・任意後見制度 　本人が契約によって後見人を選任
公示方法	登記制度による（戸籍への記載は廃止）

見制度が作られたのも、旧制度とは大きく異なる点です。これは本人の自己決定の尊重という理念から創設されたものです。

● 成年後見制度を利用する場合の注意点

　成年後見制度を利用するとこのようなメリットがある一方で、デメリットもあります。デメリットとしてまず挙げられるのは、一定の職業に就くことができなくなることです。弁護士、税理士、医師、薬剤師、社会福祉士、介護福祉士などの一定の資格に就くことができなくなります。会社の役員（取締役や監査役など）にもなれません。

　また、成年後見の開始の申立てをしてから実際に後見が開始するまでの手続きに時間がかかります。急いでいるときにすぐには利用できないという点もデメリットだといえます。

　ただ、手続きが迅速性に欠ける点については、任意後見制度を利用してあらかじめ準備をしておいたり、財産管理委任契約を結ぶといった方法で対応することもできます。

● 市民後見人の育成が急務

　総務省統計局の発表によると、平成27年には65歳以上の人口が総人口の26.7％となり、過去最高を記録しました。超高齢社会である日本にとって、今後、成年後見制度の活用の必要性がさらに高まってくることは間違いありません。

　しかし、かつての禁治産・準禁治産者制度から成年後見制度に転換して15年以上が経過した現在においても、成年後見制度の利用者数は思うように増加していません。その理由のひとつとして、深刻な問題となっているのが、成年後見人の不足です。

　保護者となる成年後見人が足りないと、利用したくても利用することができない高齢者や要介護者が増えて、制度が有効に機能しません。そこで、平成28年4月に「成年後見制度利用促進法」が制定されまし

た。この法律では、弁護士や司法書士といった専門家以外の一般市民を後見人（**市民後見人**）として育成し、その活用を図ることが明記されました。

　後見人は被後見人の財産管理を行うため、これまでは法律の専門家を後見人とするケースが多くなっていました。しかし、法律の専門家だけで成年後見人の担い手を確保することは難しく、人手不足を解消することはできません。そこで、市民後見人を育成する必要性が生じたわけです。

　今後は、市民後見人育成のための体制が整備され、市民も後見人の担い手として活躍していくことになるでしょう。なお、市民後見人の報酬などの詳細は明確になっておらず、引き続き検討される予定です。

■ **本人が受ける制限** …………………………………………………

【成年被後見人】

資格取得の制限	医師・歯科医師・薬剤師・弁理士・弁護士・司法書士・行政書士・公認会計士・税理士・社会福祉士・介護福祉士・教員・建築士・株式会社の役員の地位
できないこと	薬局／旅行業の免許取得や登録を受けること 投資顧問業・一般労働者派遣業・警備業・古物営業・風俗営業

【被保佐人】

資格取得の制限	医師・歯科医師・薬剤師・弁理士・弁護士・司法書士・行政書士・公認会計士・税理士・社会福祉士・介護福祉士・教員・建築士・株式会社の役員の地位
失う権利	なし
できないこと	薬局／旅行業の免許取得や登録を受けること 投資顧問業・一般労働者派遣業・警備業・古物営業・風俗営業

【被補助人】

資格取得の制限	なし
失う権利	なし
できないこと	制限なし

相談 介護施設に入所している父のために父名義の土地を売却したい

Case 3か月前から父が介護施設に入所したのですが、このままでは父が介護サービスを利用するための費用と医療費が足りなくなりそうです。そこで、父が所有している父名義の土地を売却して費用にあてようと考えています。ただ、父はとても売買契約などできる状況ではないので息子である私が本人の代わりに契約する予定です。契約にあたって何か注意すべきことはあるでしょうか。

回答 法律行為の一種である契約は、本人が自分の意思に基づいて行うことを基本としています。財産処分や介護サービス契約を結ぶ場合も、原則として本人が本人の意思で行う必要があります。本人以外の人が契約を結ぶ場合には、本人に代わって契約を結ぶ権利（代理権）をもっていなければなりません。代理権がない状態では、たとえ親族でも本人に代わって契約をすることはできないのです。

たとえば、お年寄りが介護施設などに入所している場合に、その子どもがお年寄りの所有している土地の売買を本人名義で勝手に行うことはできません。要介護認定を受けた高齢者が利用する介護サービス契約も、本人とサービス提供事業者との間で結ぶ場合には、本人以外の者が勝手に本人名義で契約することはできません。

このように、売買やサービスを受ける契約は、本人が行うのが原則です。ただ、契約時に本人の判断能力が低下しているような場合には、法律行為を行う意思決定が難しくなります。

成年後見制度は、このような人の判断能力を補って、本人の権利を守り、損害を受けることのないように考えられた制度です。

土地の売買契約や介護サービス契約を本人のために締結することも、成年後見制度を利用することで可能になります。

たとえば介護施設に入所している高齢者の判断能力が著しく低下しているような場合、法定後見制度のうち、保佐という制度が利用できます（43ページ）。保佐人には、重要な法律行為（44ページ）についての代理権を審判で与えることができます。
　そして、代理権が与えられた場合には、保佐人は、重要な法律行為にあたる土地の売買契約などを本人のために行うことができます。
　財産管理を考えた場合、契約を避けて考えることはできません。成年後見制度は、判断能力が衰えている本人の保護を図りながら財産管理を行う場合に有効な制度といえます。
　まず、あなたのお父さんの土地については、お父さんが自分の意思で売却するのが原則です。あなたが売却をする場合には、お父さんから代理権を得ていなければなりません。ただし、あなたがお父さんの成年後見人等である場合には、お父さんの代わりに土地の売却を行うことができますが、家庭裁判所の許可が必要になることがあります。したがって、あなたがお父さんの代わりに土地の売買契約を結ぶ場合には、それに先だって後見開始の申立てなどを行った上で、土地の売却について裁判所の許可が必要な場合はその許可を得なければなりません。

相談　成年後見制度を利用するとどんなメリットがあるのか

Case　久しぶりに実家に帰ったところ、自宅にふとんが8組もありました。不審に思い母に尋ねたところ、よく覚えていないようですが、親切な人が置いていったということです。調べたところ、契約書が見つかり、母がふとんを1組20万円で8組分も現金で買っていたことがわかりました。クーリング・オフできる期間も過ぎているのでどうすることもできません。今後同じようなことにならないとも限らないので何とかしたいのですが、どうすればよいでしょうか。

回答 成年後見制度は、判断能力を欠く人等を保護するだけでなく、その人に残されている能力を活用すること、他者から干渉されずに自分のことは自分で決定できるようにすること（自己決定権の尊重）を理念としています。そして、障害のある人が、家庭や地域で問題なく生活することができるような社会を作ること（ノーマライゼーション）をめざしています。

　たとえば、認知症のお年寄りが悪質業者にだまされて、自分には必要のない高価な商品を購入してしまった場合でも、お年寄りが成年後見制度を利用していれば、その契約を取り消すことができます。これは、成年後見制度が本人を保護するものであることの現れといえます。

　他方、そのお年寄りがスーパーで日用品を買う場合には、成年後見人等の手を借りたり、同意を得なくても、自分で自由に買うことができます。これは、本人の有する能力を活用し、自己決定権を尊重するという成年後見制度のもう一つの側面をあらわしています。

　このように、成年後見制度とは、判断能力を欠く人等を助ける一方で、本人を尊重するという柔軟な制度であるといえます。

　成年後見制度を利用すると、判断能力を欠く人等の財産管理と身上監護をすることができます。また、支援している人は誰か、支援できる内容は何か、といった事柄が登記されるので、支援する人の成年後見人等としての地位が公的に証明されます。

　今後の対応については、とにかくあなたのお母さんが同じようなことを行った時に、その契約を取り消すことができるようにしておくことが大切です。それには、成年後見制度を利用して、お母さんの財産管理を行うようにした方がよいでしょう。成年後見制度には、法定後見（後見・保佐・補助）と任意後見がありますが、お母さんの状況に応じて選ぶとよいでしょう。

相談 会社役員の父の認知症が進んだため成年後見制度を利用したいが不都合はないのか

Case 会社をずっと経営してきた父は社長を兄に譲った後も会長職についていました。ここ1年ほどはほとんど自宅で過ごす日々を送っていたのですが、その父に認知症の症状が現れ、日常生活に支障をきたすようになってきました。成年後見制度の利用を考えていますが、会社に悪影響を与えるといったことはないのでしょうか。

回答 成年後見制度を利用する際のデメリットとしては、成年後見人等の種類によっては、本人の一定の資格が失われてしまうという点が挙げられます。成年被後見人や被保佐人となると、弁護士、税理士、医師、薬剤師などの職に就くことができなくなり、取締役などの会社役員に就くこともできなくなります（ただし、被補助人については資格制限がありません）。また、被後見人は、印鑑登録をすることもできなくなります。なお、平成25年の公職選挙法等の改正により、成年被後見人の選挙権・被選挙権が回復しましたので、現在は成年被後見人であっても選挙で投票することが可能です。

会社の役員になっている者が成年後見開始の審判を受けると、その時点で役員の地位を失うことになります。あなたのお父さんは会社を経営してきたということですから、その会社の役員でなくなるのは会社に悪影響を与えないとは言い切れないでしょう。ただ、本人が成年後見開始の審判を受けるような状態である場合には、判断能力を欠いている状況になっているのが通常ですから、会社の役員でなくなること自体はやむを得ないといえるでしょう。

なお、取締役が成年被後見人や被保佐人になった場合には、直ちに役員変更の手続きをしなければならない点にも注意する必要があります。

2 成年後見制度の利用法について知っておこう

法定後見制度と任意後見制度がある

● 成年後見制度を利用できる対象は

　成年後見制度を利用できる人は、精神上の障害によって判断能力がない人や不十分な人です。原則として、判断能力がない人の場合には後見、判断能力が不十分な人の場合には保佐や補助の制度を利用することになります。精神上の障害によることがこの制度を利用する条件となっていますから、身体上の障害がある人は、この制度の対象にはなりません（身体上の障害に加えて精神上の障害もある場合は別です）。

● どのような利用の仕方があるのか

　成年後見制度は、法定後見制度と任意後見制度からなります。法定後見制度と任意後見制度を利用するには、それぞれ一定の要件を満たす必要があります。どちらの制度を利用したらよいかの判断基準の一つとして、判断能力が衰える前に利用するのか、衰えた後に利用するのか、という観点から考えることができます。

　判断能力が衰える前の段階では、法定後見制度を利用することはできません。任意後見制度を利用することになります。任意後見制度を利用して、将来のために自分を支援してくれる人を定めておいたり、支援してもらう内容をあらかじめ決めておくのです。

　一方、**判断能力が衰えた後**であれば、法定後見制度を利用することができます。法定後見制度は、すでに精神上の障害がある場合に利用できる制度です。

　なお、どのようなタイミングであっても、日用品の購入や日常生活に関する行為については、本人が単独で行うことができます。また、

■ 補助・保佐・後見制度

		補助	保佐	後見
名称	本人	被補助人	被保佐人	成年被後見人
	保護者	補助人	保佐人	成年後見人
	監督人	補助監督人	保佐監督人	成年後見監督人
要件	対象者	精神上の障害により判断能力を欠く者または不十分な者		
	判断能力の程度	不十分	著しく不十分	常に判断能力を欠く
	鑑定の要否	原則として不要	原則として必要	原則として必要
開始手続	申立者	本人、配偶者、四親等内の親族、他の類型の保護者・監督人、検察官、任意後見を受任した者、任意後見人、任意後見監督人、市区町村長		
	本人の同意	必　要	不　要	不　要
保護者の責務と権限	一般的義務	本人の意思を尊重するとともに、本人の心身の状態および生活の状況に配慮する		
	具体的職務	同意権・取消権の範囲における本人の生活、療養看護および財産に関する事務		本人の生活、療養看護および財産に関する事務
	同意権の付与される範囲	申立ての範囲内で家庭裁判所が定める「特定の法律行為」について	原則として民法13条1項所定の行為について（※）	
	取消権の付与される範囲	同上	同上	日常生活に関する行為を除くすべての行為について
	代理権の付与される範囲	申立ての範囲内で家庭裁判所が定める「特定の法律行為」について		財産に関するすべての法律行為について

※13条1項列挙事由

①元本を領収し、又は利用すること、②借財又は保証をすること、③不動産その他重要な財産に関する権利の得喪を目的とする行為をすること、④訴訟行為をすること、⑤贈与、和解又は仲裁合意をすること、⑥相続の承認若しくは放棄又は遺産の分割をすること、⑦贈与の申込を拒絶し、遺贈を放棄し、負担付贈与の申込を承諾し、又は負担付遺贈を承認すること、⑧新築、改築、増築又は大修繕をすること、⑨樹木の栽植又は伐採を目的とする山林は10年、それ以外の土地は5年、建物は3年、動産は6か月を超える期間の賃貸借をすること

成年後見人等に不動産売買を行う権限が与えられていたとしても、居住用の不動産を売る場合には家庭裁判所の許可が必要です。
　どのような場合にどの制度を選択すればよいかという判断をするには、医師の鑑定が必要なこともあります。
　たとえば、一人暮らしをしているお年寄りが、訪問販売をうけ、全く必要のない高額商品を買ってしまうような場合は、法定後見制度を利用できます。後見・保佐・補助のうち、どの制度を利用するかは、そのお年寄りの判断能力の状況などによって異なります。
　また、将来こうした事態になった場合に備えて、判断能力があるうちに誰かに支援してもらうように契約を結ぶこともできます。この場合には、任意後見制度を利用することになります。
　では、アパート経営を行っている一人暮らしのお年寄りが、将来を不安に思った場合はどうでしょうか。たとえば、自分の判断能力が衰えた時に、アパート経営を誰かに頼んだり、将来老人ホームに入所することになった場合の手続きを誰かに依頼したい、と考えた場合には、任意後見制度を利用することができます。
　また、任意後見制度を利用せず、一般的な代理制度を利用して、同じ内容の行為を代理人に依頼しておくことも可能です（任意代理契約）。任意代理契約は、分の財産管理やその他の生活上の事務について、信頼できる人に代理権を与えて処理してもらうような契約であり、財産管理委任契約と呼ばれることもあります。もともとは、民法上の委任契約の一種で、契約の名前もさまざまです。成年後見制度と違って、精神上の障害による判断能力の低下があってもなくても利用できます。ただし、任意代理契約においては、任意後見制度における任意後見監督人制度などはありませんので、契約する本人の自己責任の範囲が広くなるといえます。

3 法定後見制度について知っておこう

本人の保護の程度で利用する制度を選ぶことができる

● 法定後見制度とは

　精神上の障害などの理由によって本人の判断能力を欠くかまたは不十分となったときに、親族などの申立てによって本人を支援するために利用される制度が**法定後見制度**です。法定後見制度で行われる申立てとは、本人を支援する成年後見人等の選任を家庭裁判所に対して求めることです。申立てを受けた家庭裁判所は、成年後見人等を選任します。

　家庭裁判所に選任された成年後見人等が本人を支援する内容は、法律が定める類型によって3つに分かれています。この3つの類型は、「後見」「保佐」「補助」です。「後見」「保佐」「補助」という類型は、本人の保護を図る上で、本人に残されている判断能力の状況に合わせて柔軟な対応がとれるように考えられた類型です。

　選任される成年後見人等もこの類型に従って、「成年後見人」「保佐人」「補助人」に分かれます。「成年後見人」「保佐人」「補助人」を総称して「成年後見人等」と呼びます。

　本人を支援するために、成年後見人等には、類型やそのケースごとにあわせた権限が与えられます。成年後見人等に与えられる権限には、「代理権」「取消権」「同意権」があります。

　代理権とは、売買契約や賃貸借契約などの法律行為を本人に代わって行うことができる権限です。**同意権**とは、本人が契約などの法律行為を行うときに、その行為について同意することができる権限です。**取消権**とは、本人が行った法律行為を、取り消すことのできる権限です。成年後見人等に与えられる権限は、利用する制度の類型によって

第1章　成年後見制度の全体像　23

異なります。同じ類型でもどの種類の権限をどの範囲まで行使できるかは、本人の状況を考慮して考えることになります。

● 本人の財産管理と身上監護を行う

　成年後見人等は、本人の財産管理と身上監護を行います。

　財産管理とは、本人の財産を維持すること、管理することです。**身上監護**とは、本人が生活をする上で必要になる、主に衣食住に関する事柄についての手配などを行うことで、実際に介護などを行うことは含まれません。

　法定後見制度を利用する場合、本人の財産管理についての権限を誰が持っているかという点で、通常の場合とは異なる場面が出てきます。たとえば土地の売買契約などを本人と行ったところ、後から成年後見人等によって契約を取り消されるようなケースが考えられます。これでは、契約の相手方も安心して契約を行うことができません。

　そこで、成年後見人等に与えられている権限の範囲について、契約する相手方にもわかるようにしておく必要があります。この点、かつての禁治産・準禁治産制度では、本人の状況について、戸籍に記載することで対応していました。契約の相手方は、戸籍の内容を確認することで、後から契約を取り消される危険を回避することができたわけです。しかし、戸籍にこうした情報が記載されることは、差別や人権侵害につながるとして、問題視されていました。

　この問題を解決するため、法定後見制度では、戸籍に記載するという方法を改め、**登記制度**を採用しました。成年後見人等は、自分に権限があることを登記しておくことにより、相手にその権限の範囲を証明することができるわけです。なお、この登記内容は、土地や建物などの登記とは違い、第三者が自由に確認できるものではありません。本人や本人の配偶者、成年後見人等など、一定の権限のある者でなければ、登記事項証明書の発行を申請することができません。

4 任意後見制度について知っておこう

本人の判断能力があるうちに支援内容を定めておく制度

● 任意後見人の選任

　任意後見制度を利用した場合に、本人を支援する人を任意後見人といいます。任意後見制度の場合には、**任意後見契約**という契約が基本となります。任意後見契約は、将来本人の判断能力が落ちたときに支援してもらう内容を、本人と任意後見人の候補者との間で、本人の判断能力があるうちに定めておくものです。

　このように、本人と任意後見契約を結んで、将来本人の任意後見人として支援することを約束した人を**任意後見受任者**といいます。

　本人と任意後見受任者の間で任意後見契約が締結されたとしても、そのままの状態では、何の効力も生じません。

　任意後見監督人選任の審判によって**任意後見監督人**が選ばれてはじめて、任意後見契約の効力が発生します。

　実際に任意後見契約の効力が発生した場合に、任意後見受任者が任意後見人となり、本人の支援を行うのが原則です。

　しかし、任意後見監督人を選任する段階で任意後見受任者が任意後見人に適さないと判断された場合には、この選任自体が却下され、任意後見契約の効力は発生しません。

　任意後見受任者が任意後見人に適さないと判断される場合とは、たとえば、任意後見受任者が未成年の場合や、破産者である場合、行方不明の場合などです。また、裁判所から法定代理人を解任されたことがある場合や、不正な行為を行ったり著しく不行跡な場合（成年後見人としての行いが著しく不適格である場合）なども任意後見人としてはふさわしくないと判断されます。

この他、本人に訴訟を起こしたことのある任意後見受任者や直系の血族の中に本人に訴訟を起こした者がいる任意後見受任者も、ふさわしくないと判断されます。
　また、任意後見人の仕事の内容に適さないと思われる場合、たとえば、著しい浪費癖があるような場合も同様です。
　このように、任意後見人として不適切な事柄がない場合には、本人が任意後見契約を結ぶ相手として信頼している成人であれば、誰でも任意後見人として選ぶことができます。個人でも法人でもかまいませんし、一人でも複数でも問題ありません。
　なお、複数の任意後見人を選ぶ場合には、全員に同じ範囲の仕事をまかせることができます。個別に依頼する内容を分けても、全員が共同で仕事を行っても問題ありません。予備としての任意後見人を選んでおくこともできます。
　この場合、メインの任意後見人が任務を果たせない状態になった場合に、予備として選んでおいた人が任意後見人として任務を果たすように、あらかじめ契約で定めておくようにします。

■ 任意後見契約の効力が生じるしくみ ………………………………

任意後見契約締結　　　　　　--------- 任意後見契約の効力＝未発生
　⬇（本人と任意後見受任者の間で締結）
本人の判断能力の低下
　⬇
任意後見監督人選任の申立て
　⬇（任意後見受任者などによる申立て）
任意後見監督人の選任　　　　--------- 任意後見契約の効力＝発生

Point
・任意後見契約を結んだだけでは効力は生じない
・本人の判断能力が低下しただけでは任意後見契約の効力は生じない
・任意後見監督人が選任されてはじめて任意後見契約の効力が生じる

5 任意後見と法定後見はどこが違うのか

権限や報酬・費用の点で違いがある

● 後見人等の選任方法と後見開始の条件

　法定後見制度の場合、申立時に成年後見人等の候補者を推薦することはできますが、最終的に決定することはできません。成年後見人等を最終的に選ぶのは家庭裁判所です。

　他方、任意後見制度の場合、本人は任意後見人になってもらう人（任意後見受任者）を自由に探してきて契約（任意後見契約）を結ぶことができます。

　このように、自分が信頼する相手を自由に選ぶことができる点で、法定後見制度よりも任意後見制度の方が、本人の意向を反映しやすい制度であるといえるでしょう。ただし、任意後見契約の効力が発生するのは、本人の判断能力が衰えて、実際に任意後見監督人を選任した段階です。任意後見監督人を選任する段階で任意後見受任者が任意後見人に適さないと判断された場合、この選任自体が却下されます。

　また、契約を結んだときには信頼していた相手でも、実際に判断能力が落ちてきた段階では、その任意後見人が本人に不利益を与える存在となっていることもあります。そのような状況で、本人がそのまま任意後見契約を実現したいと願ってその通りにしたとしても、本人の保護につながりません。実際に任意後見を開始する段階になったときに、任意後見受任者が自分に不利益を与えるかどうかの判断が、本人にはできなくなっている状況は十分にあり得るのです。

　任意後見制度では、こうした点を考慮して、任意後見開始時に任意後見人の適格性を確認し、任意後見監督人を選任することで、本人の意思の尊重と保護を図っています。

● 報酬と費用について

　法定後見制度で成年後見人等に選任された場合、成年後見人等の報酬は、家庭裁判所の報酬付与の審判で特に定められない限り、原則として無償です。成年後見人等は、報酬付与の申立てを行い、報酬を得ることができます。申立てを受けた家庭裁判所は、本人の財産の状況や成年後見人等の職務内容の難しさなどから報酬を支払うべきかどうかや報酬額を判断します。成年後見人等に報酬を支払うのが妥当であると判断した場合、家庭裁判所は報酬付与の審判を行います。

　報酬は後払いが原則で、成年後見人等がその職についてから約1年経過後に支払われることが多いようです。報酬額については、本人の財産から支払うことになるため、本人の財産の状況なども判断材料として妥当な金額を決定します。成年後見人等が職務を行う際に生じた費用などは、速やかに本人に請求し、その財産から支払いを受けることができるようになっています。なお、成年後見監督人等への報酬や費用の支払いも成年後見人等と同様に行われます。

　一方、任意後見制度の任意後見人の報酬額や支払方法を定めるのは、法定後見制度とは異なり、家庭裁判所ではありません。報酬額や支払方法は、あらかじめ本人と任意後見受任者との間で交わされた任意後

■ 後見人等に支払う報酬

	報　酬	報酬の額及び支払方法
成年後見人等・成年後見監督人等	原則：無償 例外：家庭裁判所の報酬付与の審判により本人の財産の中から支払われる	家庭裁判所の審判により定める
任意後見人	任意後見契約の定めに従う	任意後見契約により定める
任意後見監督人	本人の財産の中から支払われる	家庭裁判所の審判により定める

見契約で定められています。

　任意後見受任者が任意後見人となって職務を行った場合、任意後見契約で定められた方法に従って、本人の財産から報酬が支払われます。職務を行う際に生じた費用なども、本人の財産から支払われます。

　ただし、任意後見監督人については、家庭裁判所が審判によって報酬額を決定し、本人の財産の中から支払われます。その際、家庭裁判所は本人と任意後見人の財産の状況やその他の事情を考慮して報酬額を定めます。

◉ それぞれの後見人の権限の違い

　任意後見制度における任意後見人と、法定後見制度における成年後見人・保佐人・補助人は、それぞれ与えられる権限が異なります。

■ 本人の判断能力が変化した場合

判断能力の変化	対応
後見を開始している本人の判断能力が保佐利用に適した程度まで回復	後見開始の審判の取消の申立後、保佐開始の申立てを行う
後見を開始している本人の判断能力が補助利用に適した程度まで回復	後見開始の審判の取消の申立後、補助開始の申立てと代理権付与・同意権付与の審判申立てを行う
保佐を開始している本人の判断能力が補助利用に適した程度まで回復	保佐開始の審判の取消の申立後、補助開始の申立てと代理権付与・同意権付与の審判申立てを行う
保佐を開始している本人の判断能力が後見利用に適した程度まで進行	後見開始の審判の申立後、家庭裁判所の職権により保佐開始の審判の取消がなされる
補助を開始している本人の判断能力が保佐利用に適した程度まで進行	保佐開始の審判の申立後、家庭裁判所の職権により補助開始の審判の取消がなされる
補助を開始している本人の判断能力が後見利用に適した程度まで進行	後見開始の審判の申立後、家庭裁判所の職権により補助開始の審判の取消がなされる

ここでは、任意後見人と成年後見人・保佐人・補助人の権限の種類と範囲について比べるとともに、どのような場合に、それらの制度を利用すべきかを考えてみましょう。

① 成年後見人と任意後見人について

　本人の財産管理に関する包括的な代理権が与えられているという点では、成年後見人はもっとも強力な権限を持っていますが、任意後見人が持つ権限も代理権です。

　代理権が及ぶ法律行為については本人と任意後見受任者との間で自由に決めることができるため、成年後見人が持つ権限と同等の範囲の代理権を任意後見人に与えることもできなくはありません。ただ、任意後見の場合には契約時に作成する代理権目録に、任意後見人が持つすべての権限を書かなければなりません。

　なお、法定後見制度は、実際に本人の判断能力が落ちていなければ利用することができません。

　したがって、包括的な代理権を後見人に与えたい場合で本人の判断能力に問題がない場合には任意後見契約を結び、本人の判断能力が不十分な場合には、法定後見制度の利用を考えるのが妥当です。

② 保佐人と任意後見人について

　保佐人には同意権・取消権が認められており、その権限は民法が定めている重要な行為に及ぶのが原則とされています。さらに、同意権・取消権が及ぶ範囲を広げることもできますし、別に代理権を与えることもできます。一方、任意後見人に認められるのは代理権のみで、同意権や取消権は認められません。代理権だけでなく同意権や取消権も与えたい場合には保佐制度の利用を考えるとよいでしょう。

　ただ、成年後見人の場合と同様に、本人の判断能力が不十分でなければ保佐制度を利用することはできません。

③ 補助人と任意後見人について

　補助人は法定後見の中では本人の意思がもっとも尊重されるしくみ

になっています。

　補助開始の審判だけでは補助人には何の権限も与えられませんから、別途補助人にどんな権限を与えるかを選んで、家庭裁判所に申し立てることになります。補助人に与えることのできる権限は、代理権、同意権・取消権のどちらか一方でも両方でも可能です。より広い範囲の権限を補助人に与えるという点から考えると、補助の方が任意後見よりも利用しやすいといえます。

　本人の判断能力が十分なうちは、他の類型と同様、補助の利用はできませんので、任意後見契約を結んでおくことになるでしょう。

　ただ、補助は他の類型より本人の判断能力についての判断はかなり緩やかで、鑑定も必要とされません。場合によっては、補助を利用する方が柔軟な運用ができるでしょう。

　結局、事前に後見人等にまかせる内容を定めておきたい場合には、任意後見制度を選び、実際に判断能力が不十分になりつつある場合には、本人の心身の状況と後見人等にどんな権限をどの程度与えたいのかによって判断することになります。

● 任意後見と法定後見の関係

　任意後見と法定後見は判断能力を欠くか判断能力が不十分な人を支援する制度ですが、両方の制度を同時に利用することはできません。

　また、法定後見の3つの類型も併用することはできません。たとえば、同じ人を支援するために成年後見人と保佐人を同時につけることはできないのです。

　任意後見と法定後見の制度を同時に利用することはできないので、任意後見契約を結んでいる人について、後見（保佐・補助）開始の審判の申立てが行われても、原則として家庭裁判所は申立てを却下します。また、後見（保佐・補助）開始の審判をすでに受けている人について、任意後見監督人選任の審判が申し立てられた場合、家庭裁判所

は原則として任意後見監督人の選任を行い、後見（保佐・補助）開始の審判を取り消します。

　このように、本人の意思を尊重する理念から、任意後見制度が法定後見制度よりも優先されます。ただし、任意後見制度を優先させるよりも、法定後見制度を利用した方が本人のためになると判断できるような事情があった場合には、この限りではありません。

　たとえば、本人を支援するには代理権だけでは不十分な場合です。任意後見契約では任意後見人には代理権しか与えることができません。一方、成年後見人等には、代理権の他に同意権や取消権を与えることができます。このような場合には、法定後見制度を利用する方が本人の利益のためになるといえます。

　また、任意後見契約で任意後見人に与えられた代理権の範囲があまりに狭いような場合も同様です。狭くても本人の保護に支障がない場合には問題がないのですが、本人の支援を十分に行うことができない場合もあります。

　このような場合には、法定後見制度を利用して成年後見人等の代理権が及ぶ範囲を広げ、必要な法律行為についての支援ができるようにすることもあります。

　本人のために特に必要であると判断された場合には、任意後見契約がすでに締結されていたとしても、後見（保佐・補助）開始の審判を申し立てることができます。申立ては、任意後見監督人が選任される前でも後でもかまいません。申立てをすることができる人は、本人や本人の配偶者・四親等内の親族、検察官の他に、任意後見人や任意後見受任者、任意後見監督人も含まれます。

相談 娘に支援してもらうには成年後見と任意後見のどちらを利用すべきか

Case 私は最近物忘れが増えてきて将来が不安になってきました。将来に備えて同居している娘と任意後見契約を結んでおこうかと思っていますが、娘は忙しそうで具体的な話をする時間がとれません。もともと娘は私の老後の面倒を見るために同居してくれているので、このままにしておいて実際に私の症状が悪化したら成年後見の申立てをしてもらえばいいかとも思っています。どちらを利用した方がよいでしょうか。

回答 まず、事前に細かい内容について念入りに取り決めをしておけるという点では任意後見制度のメリットが大きいといえますが、契約時に作成する代理権目録にすべての権限を記載しなければなりません。時間がない娘さんにはこの作業は大変かもしれません。この点、法定後見制度の後見を利用する場合には、成年後見人には包括的な代理権が与えられますから、細かい目録などを作成する必要もなく、楽だといえますが、あなたの判断能力が実際に低下した後でなければ申し立てることができません。したがって、現在不安に思って手を打っておこうと考えているのでしたら、事前に任意後見契約を締結し、将来実際に判断力が低下したときにすべて娘さんに委ねると考えている場合には、その場合には後見開始の申立てをしてもらうように頼んでおくようにすればよいでしょう。娘さんの時間がなかなかとれないということですが、いずれにしても、内容についてはきちんと話し合っておいた方がよいでしょう。

相談 本人の自由を尊重し保護したい場合

Case 遠くに住む一人暮らしの母の物忘れがひどくなってきたので、私の家で同居することにしました。その際、母が住んでいた土地と建物を売却する予定です。母は買い物でいくら支払ったかを忘れるような状況なので、成年後見制度を利用する予定です。できれば母には自由に生活してもらいたいとは思いますが、高額な商品などを買ってくるようなことがあっては困ります。保佐か任意後見のどちらがよいでしょうか。

回答 自由に生活するという点だけ考えると、どちらの制度を利用してもある程度自由な内容を定めることはできるといえます。ただ、任意後見制度はあなたのお母さんの判断能力が実際に低下する前に締結しなければなりません。あなたのお母さんの判断能力が契約を行える状況ではない場合には、任意後見制度を利用することはできません。また、任意後見制度の場合には、任意後見人に代理権が認められるだけで同意権や取消権は認められていません。したがって、あなたのお母さんの支援者に与えられる権限について柔軟に対応できるのは、保佐だといえるでしょう。ただ、保佐は実際にあなたのお母さんの判断能力が低下していなければ利用することはできないので、注意してください。

相談 本人の判断能力が低下しつつある場合

Case 最近同居している母が玄関の戸締まりをしないまま外出することが増えています。先日仕事から帰宅すると母はブレスレットとネックレスをしています。聞くと、体によいと言われたから購入したとのことでした。よく見ると、部屋にも健康食品がたくさん置いてあ

りました。普通の買い物もしているのですが、高額商品を買い続けられても困るので、成年後見制度の利用を考えています。ただ、母の判断能力はそれほど低下しているようにも見えないのでどのような制度を利用すればよいのか迷っています。

回答 本人の判断能力がそれほど低下していないということですので、補助の制度を利用できる可能性が高いでしょう。また、契約を締結できる状況でしたら任意後見契約を結んでも問題ないと思われます。それではどちらを利用した方がよいか、という話になりますが、補助人には代理権・同意権・取消権の中から適切な権限を選んで与えることができますが、任意後見人には代理権があるだけです。これをふまえて、補助人や任意後見人に認める権限をどの程度にするか、という点から考えるとよいでしょう。

相談 成年後見人に選任された場合に報酬はもらえるのか

Case 一人暮らしの祖父の認知症の症状が進んでいるため、成年後見の利用を検討しています。ただ、親族に祖父の近くに住んでいる私でなければ成年後見人はつとまらない、と言われ、困っています。私は自営業を営んでおり、成年後見人の仕事をするとどうしても仕事を減らさざるを得なくなります。成年後見人の仕事に対して報酬が支払われるのでしたら生活も成り立ちますが、無報酬ではとてもやっていられません。どうすればよいのでしょうか。

回答 報酬の支払いは、後払いが原則ですが、任務の途中であっても請求することは可能です。ただ、請求した時点で本人の財産に報酬を支払えるほどの財産がない場合には報酬を受け取ることはできません。また、本人が死亡した場合には、成年後見人の任務も終了します

が、本人の財産が相続人に相続される前に請求しなければ、支払いを受けることが難しくなるので注意が必要です。

　成年後見人の仕事は非常に重要なものですが、家庭裁判所が特に認めない場合には無償となります。したがって、あなたが報酬を得たい場合には、報酬付与の申立てをする必要があります。報酬付与の申立てをし、これが家庭裁判所に認められると、報酬付与の審判がなされます。

　なお、報酬付与の申立てを行っていないのに、成年後見人が勝手に報酬分を本人の財産から差し引いた場合、業務上横領罪（刑法253条）として処罰されることがあります。

相談　任意後見人の他に保佐人をつけることはできるのか

Case　姉が母の任意後見人として支援をし始めてから2年経過しましたが、当初想定していたよりも母の判断能力が低下しているようで、姉に与えられた権限だけでは母のためにならないように思います。そこで、姉に加えて、兄に保佐人になってもらいたいのですが、そのようなことはできるのでしょうか。

回答　任意後見人がすでにいる状況で保佐人を同時につけることはできません。つまり、任意後見制度と法定後見制度が両立することはないのです。ただ、本人の利益のためになると認められる場合には、法定後見制度の利用に切り替えることは可能ですから、申立権者であるあなたやお姉さん、そしてお兄さんなどが保佐開始の審判を申し立てるとよいでしょう。

6 成年後見制度利用促進法について知っておこう

制度の基本事項や基本方針を明記し、制度利用の促進をめざす

● どんな点が問題だったのか

　国内の認知症の患者数は増加の一途をたどっています。2015年1月に厚生労働省が発表した推計によると、2025年には日本における認知症の患者数は約700万人になるといわれています。こうした深刻な状況が進行する一方で、認知症患者の財産を管理し、日常生活を支える手段である成年後見制度は、なかなか社会に浸透せず、現在においてもその十分な利用がされていないという問題がありました。

　そこで、平成28年4月に**成年後見制度の利用の促進に関する法律**が制定されました（同年5月より施行）。この法律は、成年後見制度の基本理念や国の責務など、制度の基本的な事項を定めるとともに、成年後見制度の利用を促進するために必要な体制を整備することなどについて定めています。

● 成年後見制度利用促進法とはどんな法律か

　成年後見制度利用促進法では、まず、成年後見制度の利用を促進していく上での基本理念として、以下の3つが明記されました。

・成年後見制度の利用促進は、①ノーマライゼーション、②自己決定の尊重、③身上の保護の重視などの理念をふまえて行われること
・市民後見人を育成し、その活用を図ることによって、成年後見人等となる人材を確保し、地域における需要に対応していくこと
・家庭裁判所、行政機関（法務省や厚生労働省など）、地方公共団体、民間団体などが相互に協力し、適切に役割を分担することによって、制度利用者の権利利益を保護する体制を整備していくこと

また、国や地方公共団体には、前述した基本理念にのっとり、制度利用促進のための施策を策定し、実施していく責務があるとの規定が置かれました。そして、政府は、必要な法制上・財政上の措置などを、速やかに講じなければならないことも定められました。
　なお、具体的な施策は、以下のような点を検討しながら、今後策定されていくことになります。
・利用者の能力に応じて成年後見制度の三類型が適切に選択されるよう、保佐や補助の制度の利用を促進していくこと
・人権尊重の観点から、成年被後見人等の権利制限制度を見直していくこと
・意思決定が困難な者が円滑に必要な医療や介護等を受けられるようにするため、成年後見人等の事務の範囲の見直すこと
・死亡後の事務が適切に処理されるよう、成年後見人等の事務の範囲を見直すこと
・自発的意思の尊重の観点から、任意後見制度が活用されるよう制度を整備すること

● 民法や家事事件手続法の規定も合わせて見直された

　成年後見制度利用促進法の制定と同時に、民法と家事事件手続法の改正も行われました。これは、成年後見の事務の円滑化を図ることを目的としています。
　この改正により、一定の手続きをすれば、成年後見人は6か月以内の期間、成年被後見人宛ての郵便物を直接受け取り、開封することが可能になりました。また、成年被後見人の死亡後、相続人が相続財産を管理することができるまでの間であれば、相続財産の保存に必要な行為をしたり、相続財産に属する債務の弁済をすることも可能になりました。家庭裁判所の許可を得れば、死体の火葬・埋葬に関する契約の締結をすることも認められました。

第2章

法定後見制度のしくみ

1 後見について知っておこう

日常生活に関する行為を除いた法律行為を代理することができる

● 後見について

　後見の対象となるのは、精神上の障害によりほとんど判断能力のない人です。つまり、自分の財産を管理したり、処分したりすることが全くできない状態にある人です。

　たとえば、判断能力がないために自分だけで物事を決めることが難しい状態、家族の名前や自分が今いる場所などがわからなくなっている状態が常に続いているような場合です。こうした状態にある人を支援する制度が後見で、支援する人を**成年後見人**といいます。

　成年後見人は、日常生活に関する行為を除いたすべての法律行為を代理して行います。たとえば、遺産相続の場面で、他に共同相続人がいる場合、遺産分割協議が行われます。この遺産分割協議を本人に代わって成年後見人が行います。この他、預金・貯金の管理や生活費として使うために行う財産処分、介護サービスを受ける際に締結する契約なども、成年後見人が本人の代理となって行うことができます。

　また、成年後見人は、本人が行った法律行為を、必要に応じて取り消すことができます。たとえば、本人が自分に不利益な契約をそうとはわからずに締結した場合、成年後見人がその契約を取り消すことができます。具体的には、本人の所有の土地を市価よりかなり低い金額で売却したような場合に、成年後見人がこの売買契約を取り消し、土地を取り戻すことができるのです。

　ただ、日常生活に関する行為については、本人の判断が尊重されます。日用品をスーパーで購入するような場合には、これもたしかに契約ではありますが、成年後見人が取り消すことはできません。

● 含まれない仕事

　成年後見人に与えられている権限は、日常生活に関する行為を除く行為についての取消権や財産に関する法律行為についての代理権です。

　つまり、成年後見人が、成年被後見人の生活を維持するために何らかのサービスの提供を受ける必要があると判断した場合に、どのようなサービスの提供を受けるかを選んで、サービスの提供を受ける契約を締結することが、成年後見人の仕事となります。

　成年被後見人の生活や健康管理のために、何かの労務（サービス）を直接提供するといった事実行為は、成年後見人の仕事ではありません。つまり、料理・入浴の介助などの介護行為そのものは、成年後見人の仕事には含まれません。この点は混同しやすい部分ですので、十分注意しましょう。

　なお、成年後見人は、本人の病院入院時や施設入所時の、保証人になることもできません。成年後見人は、あくまでも本人と同一の立場の者であり、自分で自分を保証することは不可能だからです。また、結婚や養子縁組等の身分行為や遺言の作成など、本人にしかできない法律行為についても、成年後見人が代わりに行うことはできません。

■ 成年後見人等の仕事に含まれないもの

法律行為や事実行為	例
実際に行う介護行為などの事実行為	料理・入浴の介助・部屋の掃除
本人しかできない法律行為	婚姻・離縁・養子縁組・遺言作成
日常生活で行う法律行為	スーパーや商店などで食材や日用品を購入
その他の行為	本人の入院時に保証人になること 本人の債務についての保証 本人が手術を受ける際の同意

相談 成年後見人は日常の世話も行わなければならないのか

Case 私たちは兄弟姉妹あわせて3人いますが、そのうち姉が母の近所に住んでおり、私と弟は別の県に住んでいます。最近、母の認知症が悪化してきたため、成年後見制度を利用することになりました。その際、長男である私が成年後見人に選任されました。それまでの母の日常的な面倒は、母と同居している姉が行っていましたが、私が成年後見人になると、母の食事やトイレの世話なども私が行うことになるのでしょうか。

また、それまでは3人で母の生活費や介護にかかる費用などを負担していたのですが、これからは私が一人で負担しなければならないのでしょうか。

回答 法定後見制度を利用すると成年後見人や保佐人といった保護者となる人が判断能力の低下した人をサポートしていくことになります。成年後見人の仕事には、本人の生活や医療、介護などについて保護したり支援をすることも含まれますが、日常生活の世話そのものは含まれません。

あなたの場合も、あなたのお母さんの食事やトイレの世話などが滞りなく行われるように注意する必要はあります。しかし、たとえば今まで通りにお母さんの世話をあなたのお姉さんが行う場合には、そのまま任せていても問題はないでしょう。ただ、お姉さんの手では対応しきれなくなった場合などに、適切なヘルパーを選んだり契約を結ぶのは、成年後見人であるあなたの仕事となります。

また、あなたのお母さんの生活費や介護にかかる費用については、あなた一人が負担するのではなく、他の兄弟と共同で負担することになります。

2 保佐について知っておこう

判断能力が著しく不十分な人を支援する

● 保佐について

　保佐制度で本人を支援する人を**保佐人**といいます。保佐人の支援を受ける本人のことを被保佐人といいます。保佐の対象となる人は、精神上の障害によって判断能力が著しく不十分な人です。具体的には、日常生活で行う買物などは自分の判断で行えるが、重要な財産行為については、適切な判断を自分で下すことが難しいという人です。**重要な財産行為**とは、たとえば、家や土地、車などの高額な物の売買や、お金の貸し借り、保証人になるといった行為です。このような場合に、常に誰かの手助けを得る必要がある人を対象としています。

　保佐人の同意や家庭裁判所の許可を得ずに本人が重要な行為を行った場合には、保佐人はその行為を取り消すことができます。ただし、本人の不利益とならない契約を本人が行おうとしている場合に保佐人が同意しない場合、本人は家庭裁判所の許可を得ることで、保佐人の同意を得ないで取引を行うことができます。

　同意権は、通常は「重要な行為」について与えられていますが、申立時に重要な行為以外の行為も含めて申し立てることができます。申立内容に含めた重要行為以外の行為が家庭裁判所に認められた場合、保佐人はその行為についての同意権を持つことができます。

　保佐人は成年後見人とは異なり、通常は代理権を持っていません。ただ、家庭裁判所への申立時に、保佐人に代理権を認める法律行為をあらかじめ選んで申請し、その申請が認められた場合には、その特定の法律行為についての代理権を持つことができます。

　保佐人が持つ同意権と取消権の範囲については、法律で別途定めら

れています。また、保佐人が代理権を持つ場合の代理権の範囲については、法律では定められておらず、本人が選ぶことになっています。

● 保佐人が行う重要な行為とは

　保佐開始の申立てを行った際に保佐人に付与される同意権や取消権の対象は、重要な行為です。この重要な行為を基準として、それ以外の行為に対しても同意権や取消権が及ぶようにするには別途申立てが必要です。この重要な行為は、民法で定められていますが、具体的には次のような行為です。

　なお、補助を利用する際に、補助人に同意権・取消権を与える場合にも、下図の重要な行為のうちから必要に応じて選んだ内容について申立てを行い、最終的な審判を受けることになります。

■ 重要な行為

重要な行為

① 不動産やその他の重要な財産の売買・担保の設定（重要な財産とは、たとえば、自動車や貴金属などの目に見える物の他、株式や著作権、特許権・商標権などの実体は目に見えないが、重要な価値を持つ権利など）

② 借金をしたり、他人の保証をすること

③ 元本の領収や利用行為（不動産や金銭の貸付行為、預貯金の出し入れ、弁済金の受領、貸している不動産の返還を受けることなど）

④ 訴訟を行うこと

⑤ 贈与・和解・仲裁契約を結ぶこと

⑥ 相続の承認や放棄を行ったり遺産分割を行うこと

⑦ 贈与や遺言により与えられる財産（遺贈）の受け取りを拒絶すること、負担つきの贈与や遺贈を受けること

⑧ 建物について、新築・改築・増築することや大修繕を行うこと

⑨ 民法で定める期間（山林は10年、その他の土地は5年、建物は3年、土地建物以外の動産は6か月）をこえて賃貸借をすること

相談　保佐人に重要な法律行為以外の契約について同意権を与えるには

Case　叔母の認知症の症状が進んできました。叔母は一人暮らしをしていたのですが、介護サービスを利用する必要があったことから私が叔母の保佐人となって介護サービスの契約を結ぼうと思っています。また、叔母が趣味で集めている切手の売買について、一定の金額以上の売買を行う場合には私の同意がなければ取引できないようにしたいのですが、どのような内容の申立てを行えばよいのでしょうか。

回答　保佐人は、本人が行う「重要な財産行為」について、同意権を有します。ただ、この同意権は、保佐開始の申立てを行う際や保佐開始の審判がなされた後に、個々の必要に合わせて、その範囲を拡張することができます。この申立てのことを、同意権拡張の申立てといいます。

たとえば、民法602条に定める期間以内の賃貸借（短期賃貸借）については、「重要な財産行為」に含まれていません。そのため、被保佐人が「ある建物を３年間借りる」という契約を締結してしまった場合、保佐人の同意がないことを理由として、契約を取り消すことはできないことになります。しかし、「短期賃貸借をする行為についても同意権の範囲内に含める」と申し立てておけば、このような場合に契約を取り消すことが可能になります。

今回のケースの場合は、介護サービスの利用についての契約や切手の売買について、同意権の範囲の中に含めておくことになります。なお、切手の売買については、「１回につき３万円を超える取引」などというように、具体的な金額を定め、設定金額を超える取引があった場合に保佐人の同意が必要となるようにしておくとよいでしょう。

3 補助について知っておこう

後見や保佐より軽度な人を想定した制度

● 補助について

　補助制度を通して本人を支援する人を**補助人**といいます。補助人の支援を受ける本人のことを被補助人といいます。

　補助制度の対象となる人は、精神上の障害によって判断能力が不十分な人です。判断能力の不十分さの程度は、後見や保佐より軽度な人を想定しています。自分で契約などは締結できるものの、判断能力が不十分であるために、適切な判断が下せるかどうかという点については心配であるような場合で、誰かに手助けしてもらったり代理で行ってもらった方がよい状態にある人を対象としています。補助は、本人の意思を尊重しながら、軽度の障害をもつ人の支援を可能にした制度といえます。補助を必要とする人を支援するのは補助人です。

　補助は、後見・保佐とは異なり、補助開始の審判で補助人が選ばれただけでは、実効性はありません。補助を利用し、補助人を定めるという点が決まるだけです。選ばれた補助人にどのような権限を与え、どのような支援を行うかについては、別途「同意権付与の審判」「代理権付与の審判」という別の手続きを経て補助内容を定める必要があります。この審判は、本人の意思によって行われなければならないことになっています。

　補助人に同意権を与える場合には「同意権付与の審判」、代理権を与える場合には、「代理権付与の審判」の手続きを、両方の権限を与える場合には両審判の手続きを経る必要があります。審判で認められた選択内容が、補助人が行うことのできる権限となるのです。

　補助人は、本人が審判の申立時に選んだ特定の法律行為についての

み、同意権・取消権・代理権のうち本人が許可した権限を持つことができます。「代理権付与の審判」の手続きしか経ていない場合、補助人に同意権はありませんから、取消権もありません。

取消権は、同意権が付与された場合のみ、補助人に認められる権限となります。具体的には、補助人の同意や家庭裁判所の許可が必要な行為を、同意も許可もない状態で本人が行った場合に、はじめて補助人が取消権を利用することができます。

日常生活に関する行為については、たとえ同意権を与えられている補助人であっても取り消すことはできません。

また、補助人に代理権が与えられている法律行為であっても、本人が望む場合には本人が法律行為を行うことができます。ただし、その法律行為を行う場合に補助人の同意も必要な場合には、補助人の同意を得る必要があります。

なお、本人に不利益が生じない法律行為について補助人が同意しない場合、家庭裁判所の許可があれば、補助人の同意を得ずに本人がその法律行為を行うことができます。補助を開始した後になってから、申立てによってその同意権や代理権の範囲を広げることも狭めることも、すべてを取り消すこともできます。

■ 補助開始の申立てについて

- **本人の判断能力が不十分な場合**
  補助開始の申立てを受けた裁判所による調査開始（本人の保護）
- **本人が補助開始について同意しない場合**
  補助の開始はしない（自己決定の尊重）
- **本人が任意後見契約を結んでいた場合**
  補助開始の申立ては受理されない（自己決定の尊重）
- **本人の判断能力が十分な場合**
  補助は開始しない
  （身体機能が低下しても判断能力が低下しなければ法定後見の利用は不可）

4 成年後見人等にはどんな人がなれるのか

特別な資格は必要ない

● 成年後見人等を選任する

　成年後見人・保佐人・補助人（成年後見人等）は、法定後見を必要とする人を支援する重要な役割を担っています。成年後見人等は、後見開始・保佐開始・補助開始の審判の手続きを受けて、家庭裁判所によって選任されます。以前は、配偶者がいる場合には原則として配偶者が成年後見人等に選ばれていました。今は、裁判所が選任するため、必ずしも配偶者が成年後見人等に選ばれるわけではありません。

　家庭裁判所は、調査官が中心となって調査を行い、本人の意見も聴いた上で、成年後見人等として適切な人を選びます。

　家庭裁判所が選任する際には、本人の心身や生活、財産の状況も考慮します。成年後見人等の候補者がどんな仕事をしているか、本人との利害関係がどうなっているか、という点にも注意します。その他のさまざまな事情を考慮した上で、最終的に成年後見人等が選ばれます。

　成年後見人等になるには、特に資格などは必要ありませんが、なることのできない人もいます。成年後見人等になれない人とは、たとえば、以前に成年後見人等を解任されたことがある人や、未成年者、破産者などです。

● 成年後見人等の候補者がいない場合

　成年後見人等の候補者や法定後見の内容について親族間での意思の統一が図られているような場合には、候補者を立てた上で候補者についての必要書類も準備して申立てを行った方が、法定後見の開始時期が早まる可能性があります。

しかし、親族間で意見がまとまっていない場合や適切な候補者が見当たらない場合には、候補者を立てずに申立てを行うこともできます。
　候補者を立てずに法定後見の申立てを行った場合、家庭裁判所が申立人から事情を聴いたり本人の意向を聴いて、さまざまな事情を考慮した上で、成年後見人等に適した人を選任します。

● 成年後見人等の人数

　成年後見人等の仕事の範囲が広すぎて、一人で行うには不適当な場合もあります。たとえば、本人所有の不動産などの財産が、離れた場所にいくつかあるような場合です。
　また、本人が入所している福祉施設が自宅から遠いような場合、福祉施設で必要になる生活費用や施設への支払いといった財産管理と、自宅の財産管理を一人で行うには負担が大きい場合なども考えられます。このような場合には、各地の財産管理を、複数の成年後見人等に分担して、まかせることもできます。
　また、財産管理は１か所ですむ場合でも、成年後見人等が行う仕事内容が、財産管理だけでなく、身上監護や法律問題の対応など、いく

■ 成年後見人等を選ぶ際の判断材料の例

- 心身・生活・財産上の本人の状況
- 本人の意見
- 成年後見人等の候補者の経歴・職業・法人の場合の事業の内容
- 成年後見人等が法人の場合には、その法人の代表者と本人との利害関係
- 成年後見人等の候補者が、未成年者や行方不明者・破産者ではないこと
- 成年後見人等の候補者やその親族等が本人に対して訴訟を起こしていたり起こしたことが過去にないこと

つかの専門性のある内容に分かれているような場合もあります。このようなケースでは、複数の成年後見人等が、それぞれの専門分野を担当した方が、本人のためにもよい場合があります。

　たとえば、財産関係、福祉関係、法律関係といった具合に担当する内容を分担し、別の人が対応した方がよい場合には、複数の専門家がそれぞれの専門分野を担当する成年後見人等に選任される場合もあります。このように、法定後見制度では、一人の人を支援するための成年後見人等が、複数の人で構成されることもあります。

◉ 成年後見人等になれる法人とは

　かつての禁治産・準禁治産制度では、本人の配偶者や親族が後見人等になっていました。しかし、現在の法定後見制度では、配偶者や親族以外の人や法人なども、成年後見人等になることができます。

　親族以外の人が成年後見人等になることができるようになったため、法律や福祉、資産管理の専門家などが選任されるケースも増えてきました。また、法人が選任される場合もあります。実際に、社会福祉法人や公益法人などが成年後見人等として選任されるケースが少しずつですが増えています。

　また、複数の法人が、それぞれの専門分野についての成年後見人等になることもできます。

　成年後見人等の候補者が法人の場合、家庭裁判所は、法人がどんな事業を営んでいるのかについて、具体的な内容についても調べます。

　また、その法人や法人の代表者と本人の間に利害関係がないか、チェックします。本人との間に利害関係が生じている法人は、本人に不利益となる可能性があるため、慎重に判断されます。

　このように、本人に不利益になるような事情がないかを確かめ、本人の意向なども汲み取って、本人のためによいと判断した場合には、家庭裁判所は法人を成年後見人等に選任することもあります。

相談 成年後見人にはどのような人が選ばれるのか

Case 一人暮らしの叔父について、親族で話し合った結果、成年後見制度を利用することになり、申立てを行いました。その際、誰を成年後見人とするかについては意見がまとまらなかったので、候補者を立てずに申請しました。成年後見人は家庭裁判所によって選任されると聞いていますが、どのような人が選ばれ、またどのような人が選ばれないのでしょうか。

回答 原則として成年後見人等になるための資格があるわけではありません。しかし、成年後見人や保佐人、補助人といった人は、支援を必要とする人にとって非常に重要な役割を担っていますから、本人と利害関係があるような場合には、選ばれない場合もあります。また、未成年者や破産者、さらには以前に成年後見人等を解任された経験がある人は成年後見人等にはなれません。家庭裁判所は、こうした事情を考慮して、申立人から話を聞き、本人の意見も聞いた上で、成年後見人として適切だと思われる人を選任することになっています。

相談 成年後見人を複数で担当したり専門家や法人を選ぶことはできるか

Case 私には遠方に住む叔母がいます。叔母は昨年認知症と診断されましたが、その後症状は急速に進んでいるようです。成年後見人を立てた方がよいと思うのですが、叔母には私以外に親族はいません。私は一人ではとても成年後見人の職務をこなすことはできません。成年後見人には専門家や法人もなれると聞いたのですが、私と専門家などで協力することは可能でしょうか。

回答 本人所有の不動産などの財産が、離れた場所にいくつかあるような場合など、成年後見人等の仕事の範囲が広すぎて、一人で行うには不適当な場合もあります。また、財産管理は1か所ですむ場合でも、成年後見人等が行う仕事内容が、財産管理だけでなく、身上監護や法律問題の対応など、いくつかの専門性のある内容に分かれているような場合もあります。このようなケースでは、複数の成年後見人等が、それぞれの専門分野を担当した方が、本人のためにもよい場合があります。

あなたのように本人の現在住んでいる場所と遠く離れているような場合や、管理の内容が複雑な場合などは、一人ですべてを対応するのは現実的ではありません。このような場合には、あなたも聞いたように、専門家や法人も成年後見人になることができますし、複数の者が成年後見人になることも可能ですから、協力して行うとよいでしょう。

ただ、法人などの場合には、本人と利害関係がないかどうか、家庭裁判所が判断することになっています。特に本人に害となるような事情がない場合には、本人の意向を汲み取った上で、最終的に裁判所が専門家や法人を成年後見人に選任することになります。

相談 成年後見人が死亡したらどうすればよいのか

Case 父の成年後見人となっていた姉が交通事故で亡くなりました。このような場合、誰が父の後見事務を行うのでしょうか。

回答 亡くなったあなたのお姉さんに代わってお父さんの成年後見人となる人が必要ですから、裁判所に成年後見人の後任者を選任するように申し立てるようにしてください。後任者が選任されるまでの間は、成年後見監督人がいる場合は成年後見監督人が必要な職務を行うこともあります。

5 後見人等の義務・仕事について知っておこう

本人の意思を尊重しつつ、本人の身上を配慮する義務がある

● 成年後見人等に課せられている義務

　成年後見人等は、本人の法律行為に関する強力な権限を持つと同時に、本人に対する意思尊重義務と身上配慮義務を負います。

　意思尊重義務とは本人の意思を尊重することで、**身上配慮義務**とは本人の状態や状況を身体、精神、生活の面において配慮することです。成年後見人等は、本人に対する義務以外にも、家庭裁判所によって自身の仕事の状況を家庭裁判所に報告することを義務付けられることがあります。また、家庭裁判所だけでなく成年後見監督人等による監督も受けます。

　なお、本人が住んでいる土地建物の処分などを行う場合には、家庭裁判所の許可が必要です。処分とは、具体的には、成年被後見人等の自宅を売却したり、抵当権を設定したり、他人に貸すことです。また、すでに他人に賃貸している土地建物について、その賃貸借契約を解除する場合も、家庭裁判所の許可が必要です。

● 成年後見人等に就任するとどんなことをするのか

　各種の後見開始の審判が確定すると、後見の種類・後見人の氏名・住所・被後見人の氏名・本籍住所などが登記されます。後見人としての職務の処理にあたり、後見人であることの確認を受けることがあるため、必要書類を法務局に提出した上で、登記事項証明書（187ページ）を取得しておきます。続いて、本人の財産を特定します。不動産、預貯金、有価証券などは、名義を確認することで本人の財産であるか否かを特定することができます。ただ、性質上名義を確認できな

いものや、本人が他の人と同居している場合には、その区別の際に注意を要します。たとえば、現金については、本人の保管する財布や金庫の中のものであれば本人の財産であると判断してよいでしょう。また、骨董品など価値のある動産についても、本人のものと判断できるのであれば管理する財産に含まれることになります。マイナスの財産（ローンなど）についても把握する必要がありますので、通帳の引き落とし履歴や金融機関からの郵送物などを確認するようにします。

　一通りの財産を特定後、家庭裁判所から送付された財産目録（初回報告、57ページ）の該当する箇所に記載し、その裏づけとなる資料（通帳のコピーや不動産の権利証など）を保管します。

　次に、関係機関（金融機関や市区町村など）へ後見人の届出をします。提出する届出の様式や添付する書類等は、各関係機関によって異なりますから、電話などで担当者に確認するとよいでしょう。成年後見登記事項証明書、後見人の印鑑証明書、後見人の身分証明書、後見人の実印等はよく使用するため、必ず準備しておきましょう。

　最後に、本人の生活状況と経済状況を把握し、今後の方針を検討しつつ、年間収支予定表（初回報告、59ページ）を作成します。これらすべてが終了した後に、家庭裁判所に必要書類を提出し、最初の報告を行うことになります。

　なお、家庭裁判所に対する最初の報告は定められた期限を守って、必要書類を提出しなければなりません。しかし、定められた期限にこれらの書類を提出することが難しい事情がある場合には、連絡票（60ページ）に提出が間に合わない理由・提出が可能になる見込み時期を記載して、家庭裁判所に送付する必要があります。

● 就任中の仕事と定期的な報告

　成年後見人等は初回の報告後も、毎年一定の時期に裁判所に対して、後見事務に関する報告をしなければなりません（定期報告）。後見人等

は必要書類を備えて、裁判所に対して持参または郵送により定期報告を行います。

定期報告では、後見事務等報告書（定期報告、61ページ）を提出しなければなりません。後見事務等報告書は、質問事項に解答する形式をとられていることが多く、本人の身上に関する事項（健康状態等の変動の有無など）や財産状態の変更の有無等について、報告を行います。

また、初回の報告と同様に定期報告においても財産目録（定期報告、64ページ）の提出が求められます。特に定期報告においては、財産の内容に変化があったことを報告する目的がありますので、財産の内容に変化があった項目についてはもちろん、変化がなかった財産も含めて、本人の現在の財産状態をすべて記載する必要があります。財産として特に重要な預貯金や現金の記載は必須項目といえ、その預貯金や現金を管理している人を明確にしなければなりません。

さらに、定期報告では、後見人等が行った後見事務等の足跡を示すことに意義があり、必要に応じて収支状況報告書の提出が求められることもあります。後見人等は、後見事務に必要な収支に関しては、すべて必要書類を保管しておき、提出が求められた場合に備えておく必要があります。

■ 成年後見人等の行う報告

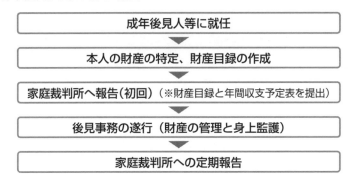

相談 成年後見人が最初に行わなければならない仕事は何か

Case 先日母の後見開始の申立てがなされ、娘の私が成年後見人に選任されました。母と近くに住んでいるということで私が選任されたようですが、申立てなどは姉が行っていたため、具体的に何をすればよいのかよくわかりません。何から手をつければよいでしょうか。

回答 成年後見人は、本人の財産管理と身上監護を行うことになります。そのためには、まずは本人の財産状況を把握しなければなりません。つまり、本人の資産・収入・支出の状況を調査する必要があります。調査の結果、本人の財産状況が明らかになれば、それを書面に記載します。この書面を財産目録といいます。そして、この財産目録を元にして、財産管理の計画を立てます。その後、成年後見人は財産目録とそれを裏付ける資料をそろえて、家庭裁判所に提出しなければなりません。まずは、あなたのお母さんの資産・収入・支出の状況を調査し、それを元に財産管理の計画を立て、財産目録を作成しなければなりません。作成した財産目録は、その裏付けとなる資料を添えて家庭裁判所に提出しなければならないので、裏付けとなる資料についても調査の段階でそろえておくようにしてください。

■ 成年後見人就任直後に行う仕事

仕事内容	目 的
登記事項証明書の取得	本人の成年後見人であることを証明するため
本人の財産の調査	財産目録の作成のために必要
財産目録の作成	1か月以内に裁判所に提出するため
財産目録等の報告	本人の支援が適切に行われていることを示す

書式 財産目録（初回報告）

開始事件 事件番号 平成28年（家）第○○○○号 【本人氏名： 山田 太郎 】

財 産 目 録 （平成28年6月30日現在）

平成 28 年 7 月 11 日　　作成者氏名　山田 一郎 ㊞

1 預貯金・現金

本人の財産の内容は以下のとおりです。

金融機関の名称	支店名	口座種別	口座番号	残高（円）	管理者
○×銀行	△△支店	普通	1234567	2,536,874	後見人
□△信用金庫	××支店	定期	1358246	1,500,000	後見人
		現　金		64,850	後見人
		合　計		4,101,724	
			前回との差額		（増・減）

・（2から7までの各項目についての記載方法）
・必ずどちらか一方の□をチェック（レ点）するか，又は塗りつぶしてください。
・**初回報告の際には，すべて右の□をチェックし，別紙も作成してください。**
・定期報告の際には，財産の内容（別紙に記載がある事項）に少しでも変化があった場合に，右の□をチェックした上，前回までに報告したものも含め，改めて該当する項目の現在の財産内容すべてを別紙にお書きください。

---

2 株式，投資信託，公債，社債
　　□ 前回報告から変わりありません　　☑ 前回報告から変わりました（別紙のとおり）

3 不動産（土地）
　　□ 前回報告から変わりありません　　☑ 前回報告から変わりました（別紙のとおり）

4 不動産（建物）
　　□ 前回報告から変わりありません　　☑ 前回報告から変わりました（別紙のとおり）

5 保険契約（本人が契約者又は受取人になっているもの）
　　□ 前回報告から変わりありません　　☑ 前回報告から変わりました（別紙のとおり）

6 その他の資産（貸金債権，手形，小切手など）
　　□ 前回報告から変わりありません　　☑ 前回報告から変わりました（別紙のとおり）

7 負債
　　□ 前回報告から変わりありません　　☑ 前回報告から変わりました（別紙のとおり）

(別紙)
2 株式, 投資信託, 公債, 社債

種類	銘柄等	数量（口数, 株数, 額面等）	評価額（円）
株式	（株）◇◇◇	500	1,000,000
合計			

3 不動産（土地）

所在	地番	地目	地積（㎡）
東京都台東区○○町○丁目	○番○号	宅地	132.22

4 不動産（建物）

所在	家屋番号	種類	床面積（㎡）
東京都台東区○○町○丁目○番地	○番の○	居宅	63.58

5 保険契約（本人が契約者又は受取人になっているもの）

保険会社の名称	保険の種類	証書番号	保険金額（受取額）（円）	受取人
××生命(株)	終身	S963852	1,000,000	山田一郎

6 その他の資産（貸金債権, 手形, 小切手など）

種類	債務者, 振出人等	数量（債権額, 額面等）
なし		

7 負債

債権者名（支払先）	負債の内容	残額（円）	返済月額（円）
○○銀行▽▽支店	住宅ローン	300,000	月々6万円ずつ
合計		300,000	

※ 東京家庭裁判所ホームページの財産目録を掲載（地方によって様式が異なる可能性があります）。

書式　年間収支予定表（初回報告）

(選任時－初回報告用)

平成 28 年(家)第 ○○○○ 号

被後見人等の年間収支予定表
（ **年額** で書いてください。）

1　被後見人等の収入　（年金額決定書，確定申告書等を見ながら書いてください。）

種　別	名称・支給者等	金　額(円)	入金先通帳・頻度等
年　金	厚生年金 国民年金	1,203,600 360,000	○×銀行△△支店　2か月に1回 〃
配当金(目録2の株券)	(株)◇◇◇	200,000	○×銀行△△支店　6月と12月
合　計		1,763,600	

2　被後見人等の支出　（納税通知書，領収書等を見ながら書いてください。）

品　目	支払先等	金　額(円)	月額・使用通帳等
生活費 (食費・水道光熱費等)		360,000	月30,000円
療養費			
住居費 (住宅ローン)	◎◎銀行▽▽支店	300,000	平成28年11月に終了予定
税　金	固定資産税	350,000	年4回支払い　○×銀行△△支店
保険料	国民健康保険　介護保険 生命保険	350,000 78,000	○×銀行△△支店 〃
その他	タクシー料金 (△◇駅～本人自宅間)	72,000	1往復3,000円　月2回
合　計		1,510,000	

※収支が赤字となる場合は，この枠内に対処方針を記載してください。

書式　連絡票

基本事件　平成 28 年(家)第 ○○○○ 号
　□　東京家庭裁判所　後見センター　御中
　□　東京家庭裁判所　立川支部後見係　御中

連　絡　票

平成 28 年 7 月 1 日
(本人　　山田　太郎　　)
後見人等　　山田　一郎　　㊞
住所　東京都板橋区○○町○丁目○番○号
電話番号（　××-××××-××××　）

下記のとおり連絡いたします。

記

1　本人の自宅は、公共交通機関が整備されていない地域にあります。自宅から最寄り駅までは、歩いて1時間程もかかり、近くにはバス停もありません。

2　これまで、本人の自宅を訪問する際は、最寄り駅からタクシーを利用していました。一回のタクシーの往復料金は、平均3000円です。

3　そこで、今後はこのタクシー料金を本人の負担とし、本人預金から引き出したいと考えていますが、いかがでしょうか。なお、本人自宅への訪問は月に2回行う予定です。

書式　後見等事務報告書（定期報告）

開始事件 事件番号　平成28年（家）第○○○○号　【本人氏名： 山田 太郎 】

後見等事務報告書

（報告期間：平成28年 7月 1日～平成29年 6月30日）

平成 29年 7月 11日

住　所　東京都板橋区○○町○丁目○番○号
☑成年後見人
□保佐人
□補助人　　山田 一郎　㊞

電話番号　××-××××-××××

1　本人の生活状況について　（全員回答）

(1)　前回報告以降，本人の住居所に変化はありましたか。
　　□ 変わらない　　☑ 以下のとおり変わった
　　（「以下のとおり変わった」と答えた場合）変わったことが確認できる資料（住民票，入院や施設入所に関する資料など）を本報告書とともに提出してください。
　　【住民票上の住所】
　　
　　【実際に住んでいる場所】（入院先，入所施設などを含みます）
　　　　東京都台東区△△町△丁目△番△号　○○病院

(2)　前回報告以降，本人の健康状態や生活状況に変化はありましたか。
　　□ 変わらない　　☑ 以下のとおり変わった
　　平成29年4月25日に自宅で転倒し，右大腿骨を骨折。
　　同年5月に手術をし，現在○○病院でリハビリ中である。
　　今後は，歩行機能の回復状況をみながら，在宅復帰を目指す予定である。

2　本人の財産状況について
　　　　（後見人，財産管理に関する代理権が付与されている保佐人・補助人のみ回答）

(1)　前回報告以降，定期的な収入（年金，賃料など）に変化はありましたか。
　　□ 変わらない　　☑ 変わった（増えた，減った）
　　（「変わった」と答えた場合）変わった理由は何で，変わった後の金額はいくらですか。以下にお書きください。また，これらが確認できる資料を本報告書とともに提出してください。
　　平成28年8月より，年金額が改定された。
　　（厚生年金が年額120万円から年額114万円に減少（年金額改定通知書）

(2) 前回報告以降，1回につき10万円を超える臨時の収入（保険金，不動産売却，株式売却など）がありましたか。
   ☑ ない　　□ ある
   （「ある」と答えた場合）その内容と金額はどのようなものですか。以下にお書きください。
   また，これらが確認できる資料を本報告書とともに提出してください。

(3) 前回報告以降，本人が得た金銭は，全額，今回コピーを提出した通帳に入金されていますか。
   ☑ はい　　□ いいえ
   （「いいえ」と答えた場合）入金されていないお金はいくらで，現在どのように管理していますか。また，入金されていないのはなぜですか。以下にお書きください。

(4) 前回報告以降，定期的な支出（生活費，入院費，住居費，施設費など）に変化はありましたか。
   □ 変わらない　　☑ 変わった（増えた，減った）
   （「変わった」と答えた場合）変わった理由は何で，変わった後の金額はいくらですか。以下にお書きください。また，これらが確認できる資料を本報告書とともに提出してください。
   平成28年11月に住宅ローンの支払いが終了した（通知書）。
   平成29年5月より○○病院に入院した（月6万円支出
   退院時期は未定（領収書））。

(5) 前回報告以降，1回につき10万円を超える臨時の支出（医療費，修繕費，自動車購入，冠婚葬祭など）がありましたか。
   □ ない　　☑ ある
   （「ある」と答えた場合）その内容と金額はどのようなものですか。以下にお書きください。また，これらが確認できる資料を本報告書とともに提出してください。
   平成29年5月　骨接合手術費　7万円

(6) 前回報告以降，本人の財産から，本人以外の人（本人の配偶者，親族，後見人自身を含みます）の利益となるような支出をしたことがありますか。
   ☑ ない　　□ ある
   （「ある」と答えた場合）誰のために，いくらを，どのような目的で支出しましたか。以下にお書きください。また，これらが確認できる資料を本報告書とともに提出してください。

- 2 -

3 同意権・取消権について （保佐人，補助人のみ回答）

(1) 同意権を行使しましたか（今後，行使する予定がありますか）。
    □ 行使していない（予定していない）　　□ 行使した（予定がある）
    （「行使した（予定がある）」と答えた場合）その時期と内容はどのようなものですか。以下にお書きください。また，これらが確認できる資料を本報告書とともに提出してください。
    ....
    ....
    ....

(2) 取消権を行使しましたか（今後，行使する予定がありますか）。
    □ 行使していない（予定していない）　　□ 行使した（予定がある）
    （「行使した（予定がある）」と答えた場合）その時期と内容はどのようなものですか。以下にお書きください。また，これらが確認できる資料を本報告書とともに提出してください。
    ....
    ....
    ....

4 あなたご自身について （全員回答）

次の(1)から(3)までについて，該当するものがありますか。
(1) 他の家庭裁判所で成年後見人等を解任された
    ☑ 該当しない　　□ 該当する
(2) 破産者で復権していない
    ☑ 該当しない　　□ 該当する
(3) 本人に対して訴訟をしたことがある者，その配偶者又は親子である
    ☑ 該当しない　　□ 該当する

5 その他 （全員回答）

上記報告以外に裁判所に報告しておきたいことはありますか。
    ☑ 特にない　　□ 以下のとおり
    ....
    ....
    ....

※ □がある箇所は，必ずどちらか一方の□をチェック（レ点）するか，又は塗りつぶしてください。
※ 完成したら，裁判所に提出する前にコピーを取って，次回報告まで大切に保管してください。
※ 報告内容に問題がある，必要な資料が提出されないなどの場合には，詳しい調査のため調査人や監督人を選任することがあります。

書式　財産目録（定期報告）

開始事件 事件番号　平成 28 年（家）第 ○○○○ 号　【本人氏名：　山田　太郎　】

財産目録　（平成 29 年 6 月 30 日現在）

平成 29 年 7 月 10 日　　作成者氏名　山田　一郎　㊞

1　預貯金・現金

　　本人の財産の内容は以下のとおりです。

金融機関の名称	支店名	口座種別	口座番号	残高（円）	管理者
○×銀行	△△支店	普通	1234567	2,452,311	後見人
□△信用金庫	××支店	定期	1358246	1,500,000	後見人
		現　金		52,140	後見人
		合　計		4,004,451	
			前回との差額	97,273	（増・㊀）

（2から7までの各項目についての記載方法）
・必ずどちらか一方の☐をチェック（レ点）するか、又は塗りつぶしてください。
・**初回報告の際には、すべて右の☐をチェックし、別紙も作成してください。**
・定期報告の際には、財産の内容（別紙に記載がある事項）に少しでも変化があった場合に、右の☐をチェックした上、前回までに報告したものも含め、改めて該当する項目の現在の財産内容すべてを別紙にお書きください。

2　株式，投資信託，公債，社債
　　　　☑ 前回報告から変わりありません　　　☐ 前回報告から変わりました（別紙のとおり）

3　不動産（土地）
　　　　☑ 前回報告から変わりありません　　　☐ 前回報告から変わりました（別紙のとおり）

4　不動産（建物）
　　　　☑ 前回報告から変わりありません　　　☐ 前回報告から変わりました（別紙のとおり）

5　保険契約（本人が契約者又は受取人になっているもの）
　　　　☐ 前回報告から変わりありません　　　☑ 前回報告から変わりました（別紙のとおり）

6　その他の資産（貸金債権，手形，小切手など）
　　　　☑ 前回報告から変わりありません　　　☐ 前回報告から変わりました（別紙のとおり）

7　負債
　　　　☐ 前回報告から変わりありません　　　☑ 前回報告から変わりました（別紙のとおり）

(別紙)

2 株式,投資信託,公債,社債

種類	銘柄等	数量(口数,株数,額面等)	評価額(円)
合計			

3 不動産(土地)

所在	地番	地目	地積(㎡)

4 不動産(建物)

所在	家屋番号	種類	床面積(㎡)

5 保険契約(本人が契約者又は受取人になっているもの)

保険会社の名称	保険の種類	証書番号	保険金額(受取額)(円)	受取人
××生命(株)	生命保険 終身	S963852	1,000,000	山田一郎
□□生命(株)	医療保険 終身	C74185	1,000,000	山田太郎

6 その他の資産(貸金債権,手形,小切手など)

種類	債務者,振出人等	数量(債権額,額面等)

7 負債

債権者名(支払先)	負債の内容	残額(円)	返済月額(円)
なし			
合計			

6 財産管理や費用請求の問題点について知っておこう

本人のための支出は原則として本人の財産から支払われる

● 交通費として認められる場合とは

　成年後見人が本人のために職務を遂行する上で交通費を支出した場合、この交通費については原則として本人の財産から支払われます。具体的には、後見事務を行うのに病院や金融機関、法務局などに出向く必要があった場合に、それにかかる交通費などが該当します。

　ただ、この交通費は、公共の交通機関を利用した場合が想定されています。したがって、電車やバス、地下鉄などの乗り物を利用した場合にかかった交通費については認められます。一方、タクシーを利用した場合には、タクシーを利用せざるを得なかった、といった事情がない限り、認められにくいといえます。

● 本人のために車を購入した場合

　通常、成年後見人は後見事務を行う際に必要があって支払った費用などについては、本人の財産から支払いを受けることができますが、どのようなものでも認められるわけではありません。仮に、成年後見人が後見事務に伴って何らかの費用を支出したとしても、それが適切なものと認められない場合には、本人の財産から支払いを受けられない場合もありますから、注意が必要です。

　本人のために車を購入する場合も同様で、それが単に本人の介護や送迎のために購入した、というだけでは適切な支出と認められない可能性が高いといえます。ただ、車がなければ本人が介護を受けられない場合やバスなどの公共の交通機関が利用できない状況で通院などの度にタクシーを利用しなければならない場合には、車を利用した方が

経済的なこともあります。このような場合には、車を購入することも適切な支出と認められる可能性があります。

◉ 本人のための支出に含まれるものとは

　本人のための支出については、原則として本人の財産から支払うことができます。ただ、財産には限りがありますから、本人にとって適正な支出であることはもちろん、有効に利用する必要があります。

　そのためには、常に支出の状況を把握して、支出内容を証明できる領収書などを保管するとともに、本人のために成年後見人が支出した分と第三者が支出した分を明確に区別するようにしなければなりません。特に本人と成年後見人等が親族であるような場合には、つい財産管理があいまいになりがちです。しかし、本人のために設けられた成年後見制度における成年後見人という地位に基づいて、本人の財産管理を行っている以上、そのようなことは許されません。

　本人の財産から支出する場合には、それが①適正な支出であること、②一般的な常識と本人の財産状況に従って誰もが納得できるような支出であること、が必要です。

　適正な支出とは、本人の医療費、施設費、税金、社会保険料、財産の維持管理費、負債の返済費用、本人の身上監護のために必要な費用、後見事務や後見監督のために必要な資料収集費用などです。また、本人と本人の被扶養者の生活に必要な費用も当然必要です。

　なお、後見や保佐開始の申立てをする際に、本人の判断能力などを専門的に判断するために、鑑定人による鑑定がなされます。この鑑定も本人のための支出といえそうですが、鑑定にかかる費用については、原則として、申立人が負担することになっています。したがって、鑑定にかかった費用を本人（成年被後見人等）の財産から申立人（後見人等）に返すことはできません。

● 複数の収入がある場合の注意点

　本人の年金や家賃の受取口座が複数ある場合には、できるだけ1つの口座にまとめるようにした方が管理は楽です。

　まとめる際には、振り込まれる金銭が家賃や年金そのものである場合には問題ありませんが、何らかの手数料や費用などが差し引かれた後の金銭が振り込まれている場合には、後に収支がわからなくならないように、明細書などをつけて、その金額が何の金額なのかを明らかにしておくようにした方がよいでしょう。

　特に家賃などの場合には、管理業者などの手数料が引かれている可能性があるので注意が必要です。

● 親子であれば口座の引き落とし手続きができるのか

　認知症の親の介護をしている子や、知的障害のある20歳を過ぎた子（親の親権の及ばない子）の世話をしている親は、「親子関係にあるのだから本人の財産管理をしても問題ないだろう」と思いやすい傾向にあります。しかし、「親」や「子」ということだけで、本人の財産を管理することはできません。

　たとえば、子に知的障害がある場合、子の財産として障害手当など各種福祉手当が子の口座に振り込まれることがあります。親が、この手当を子の生活費に充てるため、必要な額を引き出そうと考えた場合であったとしても、子の口座から自由に引き落としを行うことはできないのです。引き落としだけでなく、銀行での取引全般についても同様のことがいえます。

　このような場合、成年後見制度を利用して、親を成年後見人に選任することで子の財産の管理などをすることができます。子が未成年のときに任意後見契約を結んでいるケースでは、両方の制度を同時に利用することはできないため、調整することになるでしょう。

● 預貯金口座の管理について

　預貯金の口座を管理する場合、本人の名義のまま、本人の届出印のままで管理することはできません。必ず、本人の口座がある金融機関の支店に成年後見の届出をする必要があります。

　通常は、「○○○○成年後見人△△△△」というように名義変更をすることになります（○○○○の部分には被後見人の氏名、△△△△の部分には成年後見人の氏名が入ります）。こうすることにより、本人の財産と成年後見人の財産が混同することを防ぐことができます。複数の預貯金口座があって管理が大変な場合には、できる限り1つの銀行口座にまとめるようにします。その際には、入出金の状況に注意して口座を閉じた後に不都合が生じないようにする必要があります。預貯金以外の金融商品の口座については、本人の財産が保護されるかどうか、という観点から、慎重に取り扱う必要があります。特に金融商品についてはペイオフの対象となっている安全な資金を投機的な金融派生商品に変えるようなことは行わないようにしましょう。

　成年後見人として本人の財産を管理することになった場合には、本人の支出・収入・預貯金について確認する必要があります。銀行の通帳などで確認することになりますが、その際、過去にさかのぼってどのようなものが引き落とされているのかを確認する必要があります。最近は公共料金や商品の代金の支払いをクレジットカードで行うケースが増えていますが、ショッピングクレジットやお店で行われている分割払いなどのようにクレジットカードの請求とは別の品目が自動引き落とされるケースもあります。

　また、商品を借りる契約を締結している場合にはリース料などが引き落とされていることも考えられます。口座から一定額の引き落としが定期的になされている場合には、その根拠となる契約書を探し、契約内容が適切かどうかを確かめる必要があります。不要な契約は解除するようにしましょう。そうした書類が一切ない場合には、相手方に

問い合わせて取引内容を確認するようにします。高齢者を狙った悪質業者による被害が増加していますから、本人が被害に遭っていないかを確認するようにすることが大切です。

● 不動産を処分する場合の注意点

　成年後見人には後見事務を行う際に包括的な権限が与えられています。したがって、成年後見人が本人の不動産を処理する場合、それが本人にとって必要な場合には、認められます。

　ただ、その不動産が居住用の不動産である場合には、家庭裁判所の許可が必要になります。居住用の不動産とは、本人が現に住んでいたり今後帰宅する可能性がある住居とその敷地をいいます。仮に成年後見人が家庭裁判所の許可を得ずに本人の居住用の不動産を処分してしまった場合、その行為は無効となります。

　なお、不動産の処分とは、売却、抵当権の設定、賃貸などをいいます。

● その他こんなことに気を付けよう

　成年後見人には、本人の財産を守る任務があります。したがって、財産が不必要に減るような事態は避けなければなりません。しかし、本人のためだからといって、危険を冒してまで、積極的に財産を増やそうとする必要はありません。たとえば、定期預金で管理している金銭を、元本保証のない投資信託などに切り替えた場合、一時的に本人の財産が増えたとしても、将来的には財産を減らしてしまう可能性があります。このような行為は、財産を適正に管理するという義務に違反します。適正な管理を怠り、本人に損害が生じた場合、後見人は損害賠償責任を負います。たとえ、親子など身内の間柄であっても、後見人としての行為は免除の対象になりませんから、十分に注意して管理するようにしましょう。

相談 後見人として行った仕事にかかった交通費は支出できるか

Case 私は先月から母の成年後見人となったのですが、財産目録を作るために、金融機関や法務局に行ったり、母の通院のために病院に行くなど大変な思いをしています。主要な交通手段がバスしかなく不便なのでタクシーを利用していますが、このタクシー代は母の財産から支払いを受けても問題ないでしょうか。また、あまりに不便なので、母の通院のために車を購入しようかと考えていますが、この費用はどうなるのでしょうか。

回答 通常、本人のために成年後見人等が行った職務に付随して生じた交通費については、本人の財産から支払われますが、認められるのは原則として、公共の交通機関を利用した場合です。あなたの場合、お母さんの通院にタクシーを使っているので原則としては認められない可能性があります。ただ、お母さんの状況がバスを利用することができないような場合には、交通費として認められる可能性もあります。反対に、あなたが後見事務をこなす上でタクシーを利用した理由が、バスでは不便だったから、というだけではタクシー代の支払いを受けるのは難しいでしょう。

なお、車の購入については、送迎や介護のためだけに購入するというだけでは認められないでしょう。ただ、他に手段がないような場合には認められる可能性もありますから、購入を検討していることを家庭裁判所に相談してみた方がよいでしょう。

相談 成年被後見人のための支出にはどのようなものが含まれるのか

Case 先日叔父夫婦が交通事故に遭い、叔母が死亡し、叔父は一命

を取り留めたもののひどい後遺症が残り、自分の子の顔もわからなくなってしまいました。私が入院中の叔父の成年後見人となったのですが、叔父には小学生の子どもが2人います。また、叔父の家は建てたばかりで、住宅ローンの支払いもあるようです。成年後見人はこうした本人の財産管理を行うということはわかっていたのですが、残された子にかかる支出や住宅ローンの支払いなども私が行わなければならないのでしょうか。

回答 たしかに、成年後見人は本人のための支出を管理しますが、その本人に被扶養者がいる場合には、その被扶養者の生活費についても本人の財産から支出しなければなりません。また、住宅ローンなど本人が抱えている債務の支払いについても、成年後見人は本人の財産から支払う必要があります。なお、住宅ローンだけでなく、たとえば身内から借金があるといった事情がある場合には、借用書などがある場合は別として、そうではない場合には、家庭裁判所に相談した方がよいでしょう。

相談 複数の収入がある成年被後見人の財産管理はどのように行えばよいのか

Case 複数の賃貸アパートのオーナーをしている叔母の成年後見人に選任されました。しかし、叔母は年金の受給口座とそれぞれのアパートの家賃が振り込まれる口座ごとに通帳を作っていたようで、管理が大変そうです。どうすればよいでしょうか。

回答 年金や家賃の受け取り口座が指定されているような事情がなければ、1つの口座にまとめるとよいでしょう。家賃については、内訳を調べて、手数料などがひかれている場合には、明細書などを一緒

に保管しておくと、後日管理状況を報告する際に、説明しやすいでしょう。

相談 複数の預貯金口座を一つにまとめたいが、自動引落となっている口座があり困っている

Case 同居している母の成年後見人として、後見事務を行っていますが、母の銀行口座が多くて管理が大変なので１つの口座にまとめようと、取引状況を確認していたところ、ある銀行口座の残高から、見慣れないファイナンスリース会社名義で毎月一定金額が引き落とされていることに気づきました。母に聞いてもその通帳の存在自体を忘れているようで何の情報も得られませんでした。このような場合、どうすればよいでしょうか。

回答 あなたも感じたように、なるべくシンプルな方法で行えるように、可能な限り１つの口座にまとめた方がよいでしょう。自動引き落としとなっているものを見つけた場合には、まずその自動引落がされる原因となっている契約書がないかを確認してください。何の手がかりもない場合には、そのファイナンスリース会社に直接連絡して、どのような契約を行っているのかを確認した方がよいでしょう。契約が不要なものである場合には、成年後見人であることを相手に伝えて解約するといった対応をとる必要があります。

相談 成年被後見人の不動産を処分する場合の注意点

Case 昨年、私が一人暮らしの父の成年後見人となりましたが、同居した方が父の支援もしやすいので、私が実家に戻って同居することにしました。父の住む実家の敷地内に新たにバリアフリーの家を建て

て私と父はそこに住むようにして、現在の家については弟夫婦に貸す予定です。何か特別な手続きなどは必要でしょうか。

回答 あなたは成年後見人なので、お父さんにとって必要な場合には新たに居住用の建物を建てることは可能です。ただ、お父さんの自宅を弟夫婦に貸す点については、家庭裁判所の許可が必要です。

相談　成年後見人は本人所有のアパートの賃貸借契約を解除することができるか

Case 兄が父の成年後見人となって1年が経過しました。兄は、「今後もっとお金が必要になるから」という理由で、父の所有するアパートの賃貸借契約を解除した上で、アパートを更地にして売却する予定だと伝えてきました。今後も父の介護などにお金がかかるのは事実ですが、それならばアパートをそのまま残して賃料を得ていた方がよいと思うのですが、成年後見人が財産の処分を決めた場合、周りの人間は兄弟であってもどうすることもできないのでしょうか。

回答 あなたのお兄さんが行おうとしていることは、家庭裁判所の許可が必要な行為です。たとえ成年後見人であったとしても、家庭裁判所の許可を得ずに、勝手にアパートを処分することはできません。したがって、この許可を得られているのかどうか、まずはお兄さんに確認してみるとよいでしょう。

また、あなたはお兄さんの財産処分について反対のようですが、成年後見人の行うことについて、周りの者がどうすることもできない、というわけではありません。お父さんにとってよくないことを行おうとしていると判断できる場合で、成年後見監督人がいるときには、成年後見監督人に報告して、様子をみるとよいでしょう。成年後見監督

人から働きかけてもらうことにより、アパートの処分を思いとどまるかもしれません。

なお、お兄さんの行為が成年後見人の権限の濫用にあたる場合には、成年後見監督人やあなた（本人の親族）が申立人となって、家庭裁判所に対して、成年後見人の解任請求をすることもできます。

相談 成年後見人が本人の遺産分割の協議を本人に代わって行う場合の注意点

Case 昨年、私は恩師の成年後見人となったのですが、先日、その恩師の父親が亡くなり、恩師は他の相続人とともに遺産を相続することになりました。恩師に代わって私が遺産分割の協議に臨むことになりますが、どのように対応すればよいでしょうか。

回答 成年後見人の行為は、本人に不利益が生じるようなことがないようにする必要があります。遺産分割協議の場でも同様で、本人に不利な条件で協議に応じることはできません。具体的には、本人が法定相続分を下回る条件で遺産相続に応じるようなことは避けるべきでしょう。

相続の場合、プラスの財産があるのに相続を放棄したり、負債しかない状況で相続するようなことは避けなければなりません。遺産分割の協議の場では、法定相続分を下回る条件で協議に応じるようなことのないように注意してください。相続人の間で争いが生じていたり、相続財産の内容が複雑な場合には、家庭裁判所や弁護士などの専門家に相談するようにしましょう。

7 後見人の任務の終了について知っておこう

辞任する場合には正当な理由が必要である

● 後見人の任務が終了する場合とは

原則として、以下の事由が生じた場合、後見人の任務は終了します。

① **後見開始の審判が取り消された場合**

後見開始の審判が下された後であっても、本人の症状が軽くなり保佐や補助が適当だ、ということになれば、保佐や補助に変更することもあります。この場合、後見人の任務は終了します。

② **本人・後見人が死亡した場合**

本人や任意後見人が死亡した場合も当然のことながら、後見は終了します。

③ **後見人が解任された場合**

後見人に不正な行為があった場合や著しい不行跡があった場合、また、後見の任務を行うのに適さない事由が生じた場合には後見人が解任されることがあります。この場合も、後見人の任務は終了します。

④ **後見人が辞任できる場合**

成年後見人等は、勝手に辞任することはできません。辞任するには家庭裁判所の許可が必要です。

辞任は、正当な事情や理由がある場合に限って認められます。たとえば、後見人が病気になった場合や高齢になった場合、遠隔地に転居した場合などで後見事務を円滑に行うことができなくなった場合には正当な事由があるとして後見人の辞任が認められます。この場合も後見人の任務は終了します。

● 任務終了時の手続きについて

　後見人が辞任する場合は辞任の申立てをしますが、その他、後見人の死亡以外の理由で終了する場合は、次のような手続きをとります。

　本人が死亡した場合には、家庭裁判所に連絡して除籍謄本などの必要書類を提出し、法務局には後見終了の登記申請書を提出します。本人の財産については、収支を計算した上で財産目録を作成し、相続人や後見監督人に報告するとともに財産を相続人などに引き継ぎます。後見人が変更となる場合は、本人か後任者に財産を引き継ぎます。

　このように、後見人が死亡したときを除けば、後見人の任務終了時には、必ず「管理してきた本人の財産の引き継ぎをする」という作業が必要になります。これは大変重要な作業になりますから、引き渡す相手や内容を間違えないよう、正確に対応しましょう。また、すべての事務が終了したら、最終的に家庭裁判所に報告することも必要になりますので、この点も忘れずに行うようにしましょう。

　なお、後見人自身が死亡した場合には、速やかに後任の後見人が選任されることになりますが、財産の引き継ぎは、死亡した元後見人の親族が行うことになります。

■ 成年後見人等の任務が終了する事由と財産の引き継ぎ ………

任務終了の事由	財産を引き継ぐ相手
後見開始の審判の取消し	本人
本人の死亡	遺言あり：遺言執行者など
	遺言なし：相続人
	遺言・相続人なし：相続財産管理人
後見人の死亡	後任の後見人（元後見人の親族から）
解任	後任の後見人
辞任	後任の後見人

書式　引継書

【書式例】

平成 29 年 12 月 20 日

東京家庭裁判所後見センター　御中

　　　　　　　住所　東京都練馬区○○町○丁目○番○号
　　　　　　　氏名　　山田　二郎　　㊞

　　　　　　引　継　書

亡　山田　太郎　の後見人であった　山田　一郎　から，遺産の引き継ぎを受けました。

相談 後見人としての仕事を終える時には何をすればよいのか

Case 叔母の後見人を引き受けることになりました。私は現在は独身ですが、この先どうなるかはわかりません。仕事や結婚に関して不確定な要素が多いので、ずっと後見事務を行うことができるかどうか、心配です。後見人の仕事を引き受けた場合、いつまで仕事をしなければならないのでしょうか。また、後見人の仕事が終了した場合にはどのような手続きを行わなければならないのでしょうか。

回答 成年後見人の仕事は、原則として、本人が死亡するまで続きます。ただ、後見開始の審判が取り消された場合には後見人の任務も終了します。また、あなたが成年後見人を解任された場合や正当な事情があって辞任した場合にも、任務は終了します。仕事や結婚などの不確定要素が多いということですが、こうした事情でたとえば遠い場所に引っ越したために後見事務が行えなくなったような場合には、成年後見人を辞任することは可能です。

なお、後見人の任務が終了した場合には、財産目録を作成します。その後、家庭裁判所に報告（成年後見監督人がいる場合は成年後見監督人にも報告）しますが、その際、本人が亡くなった場合には相続人にも通知します。その後、財産を後任者や相続人（本人が亡くなった場合）に引き継ぎ、家庭裁判所に報告することになります。

相談 成年後見人の仕事を続けるのが難しくなった場合には辞められるのか

Case 私は数年来、叔父の成年後見人として叔父を支援してきました。しかし、私自身、年をとり、叔父の支援が難しくなってきました。できれば、成年後見人をやめたいのですが、可能でしょうか。

回答 成年後見人等は、本人の法律行為に関する強力な権限を持つと同時に、本人に対する義務も負っています。この義務は、意思尊重義務と身上配慮義務と呼ばれるものです（53ページ）。

このように、成年後見人等には、本人を全面的に支援する義務がありますから、成年後見人等は、勝手に辞任することはできません。

軽々しく辞任すると本人の保護が図れなくなるからです。辞任するには家庭裁判所の許可が必要です。家庭裁判所は、正当な事情や理由がある場合に限って辞任を許可します。

この正当な事情や理由には、高齢になって職務を果たせなくなった場合や、遠隔地に転居することになったため、職務を続けることができなくなったような場合などです。

あなたの場合、高齢で本人を支援することができなくなったことが理由ですから、家庭裁判所に許可を求めれば辞任することができる可能性が高いといえます。

■ 後見人の義務と任務の終了

後見開始の審判確定 →

義務の発生
・意思尊重義務
・身上配慮義務
・家庭裁判所への報告義務
　　　　　　　　　など

任務の終了
・後見開始の審判の取消
・本人や後見人の死亡
・解任
・辞任（正当な理由が必要）

8 後見人等を監視する制度もある

本人の不利益の有無を監督する成年後見監督人と任意後見監督人

● 成年後見監督人とは

　家庭裁判所に選任される成年後見人等は、同意や取消・代理といった法律行為を通じて本人を支援します。成年後見人等に与えられた権限は本人を支援するためのものですが、適切に行使されない場合には、本人に不利益が生じてしまうおそれがあります。このため、成年後見人等の活動状況をチェックする人が不可欠になります。

　成年後見人等を監督するのは、通常は家庭裁判所です。家庭裁判所以外では、成年後見監督人・保佐監督人・補助監督人が成年後見人等の活動を監督する役割を担います。成年後見人を監督する人が成年後見監督人、保佐人を監督する人が保佐監督人、補助人を監督する人が補助監督人で、あわせて成年後見監督人等と総称します。

　成年後見監督人等は、本人や本人の四親等内の親族、成年後見人等の申立を受けて選任されます。家庭裁判所の職権で選任されることもあります。

　成年後見監督人等は一人でも複数でも法人でもかまいません。

　ただし、家庭裁判所は、成年後見監督人等を選任する際に、成年後見人等との間に利害関係がないか、注意して選任します。成年後見人等との間に利害関係が生じている候補者が成年後見監督人等になってしまうと、チェックが行き届かないおそれがあるからです。

　具体的には、成年後見人等の配偶者や直系血族、兄弟姉妹などが除外されます。法人の場合には、法人の種類と事業内容なども利害関係が生じているかどうかの判断材料となります。

　この他、未成年者や破産者、それまでに成年後見人等を解任された

経験のある人なども除外されます。

　一度成年後見監督人等になると、辞任するには家庭裁判所の許可が必要になります。家庭裁判所が許可するのは、辞任に正当な事情や理由がある場合に限られます。

　たとえば、遠隔地に転勤になった場合や高齢になった場合で職務を果たすことができないような場合です。一度引き受けると辞任しにくい点や、核家族化・高齢化が進む現状から、成年後見監督人等には、専門家や法人が選ばれるケースが増えています。

　たとえば法人では、社会福祉協議会などの社会福祉法人や福祉関係の公益法人やNPO法人をはじめ、営利を目的としている民間企業なども、裁判所が適切であると判断した場合には選任されています。

　また、司法書士や弁護士、社会福祉士といった専門家が選任されるケースも増えています。

◉ 成年後見監督人の仕事

　成年後見監督人等は、成年後見人等が適切に職務を行っているかをチェックするのが仕事です。

　成年後見人等の職務遂行状況を把握するため、成年後見監督人等は、成年後見人等に対して定期的な報告や必要な資料の提出を求めます。

　そして不正な行為を見つけた場合には、家庭裁判所に成年後見人等の解任を申し立てることができます。

■ 成年後見監督人の選任

不正な行為とは、本人の財産を横領した場合や、私的に利用した場合の他、違法行為や社会的に非難されるような行為のことです。
　また、成年後見人等の行いが、成年後見人等として不適格であると判断できるほどに著しく悪いような場合で、本人の財産管理をそのまま続けさせるのが危険であると判断した場合も解任の申立てを行うことができます（著しい不行跡）。不正な行為とまではいかなくても、成年後見人等が権限を濫用したり、財産管理の方法が不適当だと思われる場合、任務を怠った場合も、解任の申立てを行うことができます（その他成年後見人等に適さない事由）。
　成年後見監督人が判断するのは、本人の財産の管理についてだけではありません。成年後見人等が死亡した場合や破産手続開始決定を受けた場合には、すぐに成年後見人等の後任者を選任するように家庭裁判所に申し立てなければなりません。緊急時には、成年後見人等に代

■ **成年後見人と成年後見監督人の関係**

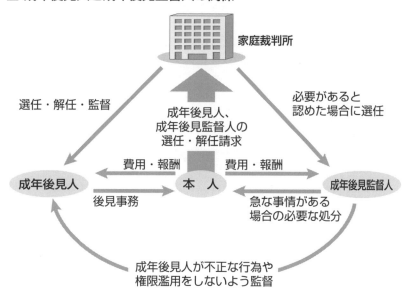

第2章　法定後見制度のしくみ　83

わって必要な職務を行うことも成年後見監督人等の職務です。

　また、本人と成年後見人等の利益が相反する状況になった場合には、成年後見監督人等は成年後見人等に代わって、本人のために行為をします。つまり、後見の場合には、成年後見監督人が本人を代理し、保佐や補助の場合には、保佐監督人・補助監督人が本人の行うことを代理するか、同意する職務を果たすことになります。

　なお、成年後見人等が法人の場合で、その法人や法人の代表者と本人の利益が反する場合も、成年後見監督人等は、本人のために、同様の対応を行います。

　成年後見監督人等は、成年後見人等が本人の意思を尊重しているか、本人の身上監護を適切に行っているかについてもチェックします。

　成年後見人等の職務を監督し、解任の申立てを行うこともできる成年後見監督人等ですが、成年後見監督人等に解任事由が生じた場合は、自身が解任される場合もあります。

　成年後見監督人等が解任される理由は、成年後見人等と同様で不正な行為を行った場合、著しく不行跡であった場合（成年後見人としての行いが著しく不適格である場合）、その他成年後見監督人等に適さない状況にある場合です。解任の申立ては、本人、本人の親族、検察官の他、家庭裁判所が職権で行うこともできます。

■ 成年後見監督人等の選任と辞任

	成年後見監督人等の進退	基　準
選任	家庭裁判所が必要があると認めたとき	本人との利害関係の有無・適性の有無
辞任	家庭裁判所の許可が必要	正当な事由の有無

書式　監督事務報告書

基本事件　平成 28 年(家)第　○○○○　号 (本人氏名　佐々木　勝)

監督事務報告書

平成 28 年 7 月 13 日
報告者 (後見)・保佐・補助　監督人）　佐藤　花子　㊞
住所　東京都板橋区○○町○丁目○番○号　Tel xx (xxxx) xxxx

1．後見人，保佐人，補助人（以下「後見人等」という。）が行っている事務は次のとおりである。
　(1) 本人の生活，療養看護面について，後見人等から
　　☑ 報告を受けている。　□ 以下の点が不明である。

　(2) 本人の財産面について，後見人等から
　　☑ 報告を受けている。　□ 報告がない。又は以下の点が不明である。

2．後見人等の事務の執行状況は，
　　☑ 適正に執行されている。　□ 次の点に問題がある。

3．本人の生活や財産について，困っていることは，
　　☑ 特になし。　□ 以下のことで困っている。

4．その他，後見等監督事務に関して気になっていることは，
　　☑ 特になし。　□ 以下のことが気になっている。

相談 成年後見人を解任されたことがあるが別件の成年後見監督人となれるか

Case 父が成年後見制度を利用することになりました。父には結構な財産があり、きちんと状況を把握したいので、息子である私が成年後見監督人になりたいと考えています。ただ、私は以前叔母の成年後見人を解任されたことがあるのですが、問題はないのでしょうか。

回答 以前成年後見人等を解任された経験がある人は、成年後見監督人から除外されます。したがって、あなたの場合、叔母さんの成年後見人を解任された経験がある以上、あなたのお父さんの成年後見監督人になることはできません。

相談 成年後見人が被後見人の土地を売るようだが大丈夫か

Case 認知症を患っている独り身の兄の成年後見人を務めています。実家の土地は兄の名義になっているのですが、兄は現在施設に入所しており、自宅に戻るのは難しい状態です。私としては、できれば実家の土地を売りたいと考えているのですが、問題はないでしょうか。また、自分がその土地を買い受けることはできるのでしょうか。

回答 成年後見人が被後見人の居住用の土地を売る場合、家庭裁判所の許可が必要になります。家庭裁判所の許可を得ずに売却しても、その売買は無効になりますので注意が必要です。また、被後見人の土地を成年後見人が買い受ける場合には、両者の利益が対立することになりますので、家庭裁判所が選任した特別代理人が被後見人を代理して、売買契約を締結することになります。なお、後見監督人が選任されている場合は、後見監督人が被後見人を代理することになります。

第3章

法定後見制度の申立て

法定後見開始の申立てについて知っておこう

家庭裁判所への申立てから審判を経て法定後見が開始するまで

◉ 法定後見制度の手続きの流れ

　本人の判断能力が不十分であるなどの理由から法定後見制度を利用する場合、家庭裁判所に後見等開始の審判の申立てを行います。下記の申立ての流れはあくまでも一例であり、家庭裁判所によって異なります。

　申立てをする時には、あらかじめ必要な書類を用意しておきます。申立ての当日に、家庭裁判所調査官は申立人と成年後見人等の候補者から事実関係を確認します。この際に、本人の状況を生活や財産面、判断能力の面などから確認します。申立時に立てられた成年後見人等の候補者についての判断も行われます。

　後見や保佐の場合には、本人の精神状況についての医師等による精神鑑定が行われます（鑑定についての詳細は118ページ）。

　親族の意向についても確認します。具体的には、申立内容や成年後見人等の候補者を親族に書面で伝えて確認します。

　可能な場合には家庭裁判所で本人調査を行い、本人の意向を確認します。本人が家庭裁判所に行くことができない場合には、本人のところに裁判所の担当者が出向きます。

　家庭裁判所は、鑑定・親族への意向照会・本人調査の結果から、内容について検討、判断します（審理）。

　審理を経て、結論を出した家庭裁判所は、その審判内容を申立人と成年後見人等に送ります（審判書謄本の送付）。

　審判では、申立書に書かれている成年後見人等の候補者がそのまま選任されることもあります。ただ、場合によっては候補者ではなく司

法書士や弁護士が選任されることもあります。

　裁判所から審判書謄本を受領してから、異議もなく2週間経過すると、審判が確定します。審判が確定すると、法定後見が開始され、法務局に法定後見開始の事実についての登記がなされます。

● 求める内容によって申立方法も異なる

　法定後見制度を利用する場合、本人の住所地を管轄する家庭裁判所に後見等開始の審判の申立てを行います。

　申立てをする際には、いくつかの書類を提出することになりますので、あらかじめ用意しておきます。また、申立人と成年後見人等の候補者は、申立後、家庭裁判所調査官から申立内容について確認されるので、家庭裁判所に出向くことになります。申立ての際には、どの制度を利用するかによって準備する内容が異なります。

・後見の場合

　後見開始の審判を求めるだけで特に他の審判の申立ての準備は必要ありません。これは、成年後見人の場合、申立時に追記しなくても、日常生活上の法律行為以外のすべての財産管理についての代理権が認められているからです。

・保佐の場合

　保佐開始の審判を求めるだけですむ場合もあります。ただ、保佐人は成年後見人と違い、すべての法律行為について最初から権限を認められているわけではありません。重要な行為についての同意権が認められているだけですので、保佐人に代理権を与える場合には別途「代理権付与の審判」を求める必要があります。

　また、重要な行為以外の法律行為について、保佐人に同意権を与える場合には、どのような法律行為を対象とするのかについても、明確にしておかなければなりません。

・補助の場合

補助の場合には、基本的には補助開始の審判を求めただけではどんな支援内容も発生しませんから、具体的な支援内容を別の審判で決めなければなりません。補助人に代理権を与える場合には、代理権付与の審判を求めることになります。同意権を与える場合には、同意権付与の審判を求めることになります。両方の権利を与える場合には代理権付与の審判と同意権付与の審判が必要になります。また、代理権・同意権が及ぶ法律行為の範囲も定めておかなければなりません。

● 本人や親族が申立てをすることができる

　法定後見制度を利用するための申立ては、本人が自ら行うことができます。

　ただ、法定後見は任意後見とは異なり、後見・保佐・補助の利用が必要な程度に本人の判断能力を欠くかまたは不十分な状態でなければ利用できません。本人が申立てをすることができる状況のケースでは、実際には任意後見制度を利用する場合が多いようです。

　本人が申立てをすることができない状況の場合には、本人の配偶者や四親等以内の親族、検察官が申立てをすることができます。

　四親等内の親族とは、配偶者と四親等内の血族・三親等内の姻族（配偶者の親族を本人から見た場合、姻族と呼びます）を指します。四親等内の血族とは、本人の親・子（一親等）、祖父母・孫・兄弟姉妹（二親等）、曽祖父母・曾孫（ひ孫）・おじ・おば・甥・姪（三親等）、高祖父母（曽祖父母の父母）・玄孫（曾孫の子）・大叔（伯）父母・いとこ・甥姪の子（四親等）です。

　三親等内の姻族には、配偶者の父母・子（一親等）、配偶者の祖父母・兄弟姉妹・孫（二親等）、配偶者の曽祖父母・曾孫・甥・姪（三親等）など本人の配偶者の三親等内の親族の他、本人の子の配偶者（一親等）、本人の孫の配偶者（二親等）、本人の曾孫の配偶者（三親等）なども含まれます。

このように、本人との関係における配偶者には親等はつかず、他の親族との距離では本人と同じ距離とされます。「四親等内の親族」に含まれる姻族は、三親等内ですから、本人の三親等内の血族の配偶者は「四親等内の親族」に含まれます。

● すでに成年後見制度を利用している場合の申立権者

　法定後見の申立てができる人のことを申立権者といいます。

　本人とその親族や検察官の他に、任意後見人、任意後見監督人、成年後見人、成年後見監督人、保佐人、保佐監督人、補助人、補助監督人も申立権者です。

　任意後見人や任意後見監督人が申立てを行うことができる場合は、本人がすでに任意後見制度を利用していることが前提となります。任意後見で交わした契約内容では本人の支援を十分に行うことができないような場合に、任意後見人や任意後見監督人が法定後見制度を利用するために申立てを行うことができます。

■ 法定後見制度の手続きの例

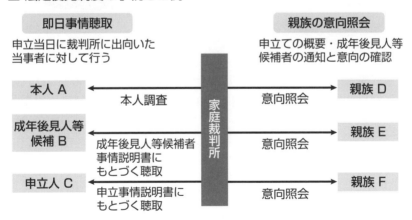

※本人が入院等で裁判所に行けない場合には、家庭裁判所の調査官が入院先まで出向く

成年後見人・成年後見監督人が申立てをする場合は、すでに後見制度を利用していることが前提になります。本人の精神上の障害が後見よりも保佐や補助を利用する方が適切であると思われる状況になった場合などに、保佐や補助を利用するために成年後見人や成年後見監督人が申立てを行うことができます。

　保佐人・保佐監督人が申立てをする場合、すでに保佐制度を利用していることが前提になります。本人の精神上の障害の程度が進み、保佐では本人を保護しきれないような状況になった場合に、後見制度を利用するための申立てを保佐人や保佐監督人が行うことができます。これとは反対に、本人の精神の障害の程度が軽くなり、補助制度を利用する方が適切であると思われる場合に補助制度を利用するために保佐人・保佐監督人が申立てをすることができます。

　補助人・補助監督人が申立てをする場合も、他の場合と同様、補助制度を利用していることが前提になります。本人の精神の障害の程度が補助よりも保佐や後見を利用する方が適切であると考えられる場合に、保佐や後見を利用するために補助人・補助監督人が申立てをすることができます。

◉ 市町村長も申立てをすることができる

　本人や四親等内の親族が法定後見開始の申立てをすることができない場合やしようとしない場合で、法定後見制度の利用が必要な状況のときには、本人の住んでいる市区町村長が申立てをすることができます。実際には、その自治体の福祉担当部門の職員が申立てに関する事務を行っています。

　ただ、本人の判断能力が著しく低下しているような場合に、本人自ら市町村に申立てを依頼することは困難です。また、前述したように、四親等内の親族は思いの他多く存在していますから、そのすべての人が申立てに協力しないと証明することは困難な場合が多いこともあり、

なかなか市町村長の申立件数は増えていないのが実情です。

そうはいっても、全くなされていないわけではありません。市区町村の福祉担当者や民生委員、保健所などから市区町村の福祉担当部署に本人の状況が寄せられ、申立てへと進むケースもあります。

各市区町村の福祉担当の取り組み姿勢や実務上の手続きフローができているかどうかといった状況しだいで、申立てを行うかどうかの基準なども異なりますから、各市町村によって、取組状況にはばらつきがあるようです。

■ 申立手続の例

1. 申立て（本人の住所地にある家庭裁判所に対して行う）
   - 申立てができるのは、本人、配偶者、四親等以内の親族、検察官、任意後見人、任意後見監督人、市区町村長など。

2. 審判手続（調査 → 鑑定・診断 → 審問の順に行う）
   - 家庭裁判所調査官が、本人の精神状態、生活状態、資産状況、申立理由、本人の意向、成年後見人等候補者の適格性などを調査する。家庭裁判所は、市区町村などの行政、金融機関などに必要な調査報告を求めることもある。
   - 鑑定は裁判所から依頼された鑑定人、診断は申立権者が依頼した医師が行う。鑑定や診断の結果は、本人の意思能力や障害の程度がどれくらいか、能力が回復する可能性があるかどうかなどを判断する重要な資料となる。
   - 本人の精神的な障害の程度、状況を確認し、援助の必要性を判断するために、裁判官が直接本人に会って意見を聴く。審問は必要に応じて数回にわたって行われることもある。

3. 審判（家庭裁判所の判断の結果が示される）
   - 申し立てられた類型やそれに伴う同意・取消権、代理権を成年後見人等に付与することが適切かどうか、家庭裁判所の判断の結果が出される。誰を成年後見人等にするかも決定する。

4. 告知・通知（審判の結果が関係者に伝えられる）

5. 登記（法務局に後見等の内容が登記される）

相談 成年後見人の候補者が決まっていないが成年後見開始の申立てを行いたい

Case 最近急に一人暮らしの祖父に認知症の症状が現れたため、成年後見制度を利用したいのですが、親族の中で意見が分かれています。成年後見制度の利用については親戚中一致して賛成なのですが、誰を成年後見人とするか、という点で意見が分かれています。なるべく早く申立てをしたいのですが、どうすればよいでしょうか。

回答 成年後見人等の候補者や法定後見の内容について親族の意思が一致しているような場合には、候補者を立てた上で候補者についての必要書類も準備して申立てを行った方が、法定後見の開始時期が早まる可能性があります。しかし、親族間で意見がまとまっていない場合や適切な候補者が見当たらない場合には、候補者を立てずに申立てを行うこともできます。候補者を立てずに法定後見の申立てを行った場合、家庭裁判所が申立人から事情を聴いたり本人の意向を聞いて、さまざまな事情を考慮した上で、成年後見人等に適した人を選任します。

　なるべく早く申立てをしたい、ということですから、候補者を立てないまま、法定後見の申立てを行うとよいでしょう。この場合、最終的には家庭裁判所が申立人から事情を聞き、本人の意向をふまえた上で、総合的に適任者を判断し、選任してもらえます。

相談 配偶者の叔母についての法定後見制度利用の申立てを行うことはできるか

Case 妻には年老いた叔母がいるのですが、この叔母の成年後見開始の申立てを行いたいと思っています。妻の親族が誰もその叔母の面倒を見ないことと、妻が幼少期にこの叔母に預けられて育った経緯が

あるため、私が何とかしてあげたいのですが、申立てを行うことは可能でしょうか。

回答 あなたの奥さんの叔母さんについて、成年後見開始の申立てを行いたいとのことですが、あなたは申立てを行うことができる四親等内の親族にあたりますから、可能です。四親等内の親族は、血族だけではなく、三親等内の姻族も含まれます。あなたの場合、あなたの奥さんの叔母さん（本人）から見て、姪（三親等）の配偶者なので、三親等内の姻族となります。

相談 すでに任意後見制度を利用しているがさらに別の後見制度を申し立てることはできるか

Case 私は叔母の任意後見人として叔母の支援を続けています。ところが最近、叔母の認知症の症状が進んでしまい、今では、どう見ても大量生産の壺を、自宅にやってくる業者の言い値で買ってしまうような状況です。私に与えられた権限では対応できないため、新たに成年後見開始の申立てを行いたいのですが、可能でしょうか。

回答 あなたの叔母さんの場合、契約を行う際の判断能力がかなり低下しているようです。あなたに与えられた権限では対応できないということですから、対応できる成年後見や保佐開始の申立てを行うとよいでしょう。それが本人にとって適切であると認められれば、任意後見から成年後見や保佐に変更されます。

2 申立てにかかる費用や必要書類について知っておこう

手数料等を支払った上、申立書などの必要書類を提出する

● 申立てに必要な書類

　主な申立てに必要な書類と費用は、次のようになります。

　ただ、それぞれのケースごとに必要となる書類は異なる場合があります。これに伴って費用も変わってきますので、詳しい内容については申立てを行う家庭裁判所に聞いてみるとよいでしょう。

　まず、申立てを行う際に提出する申立書が必要です。申立書には本人の状況をはじめとする申立ての概要を記します（書式の詳細は104ページ以下参照）。申立書は定型の書式で、家庭裁判所で無料で配布しています。後見の場合には、「後見開始申立書」、保佐の場合には、「保佐開始申立書」、補助の場合には「補助開始申立書」を作成します。

　この申立書を補充する書類も可能な限り添付します。

　添付種類とは、たとえば、申立事情説明書、後見人等候補者事情説明書、財産目録、親族関係図などがあり、各家庭裁判所で用紙が用意されています。

　本人に関する書類としては、戸籍謄本・戸籍の附票・登記事項証明書（成年後見登記についてのもの）・診断書が必要です。

　本人以外の人が申立てを行う場合、申立人の戸籍謄本も必要です。

　成年後見人等の候補者がいる場合には、候補者の戸籍謄本・住民票・身分証明書・登記事項証明書（成年後見登記についてのもの）が必要になります。

　登記事項証明書は、不動産登記についても「登記事項証明書」という名称のものがありますが、この場合はもちろん、成年後見登記についての証明書のことです。法務局が発行する後見開始の審判等をすで

に受けていること、あるいは受けていないことを証明するものです。

候補者の身分証明書は、候補者の本籍地にある役所が発行する証明書で、破産手続開始決定を受けていないことを証明できるものです。

この他、家庭裁判所が判断する際に参考となりそうな資料がある場合には、審理を早く進めてもらうためにも添付するようにします。

たとえば、本人の判断能力を判断するのに参考となる介護保険の保険証や障害者手帳、年金手帳などです。また、本人の財産状況の判断に有効なものとしては、前述した財産目録の他に、預金通帳や不動産評価証明書、不動産登記事項証明書、株券などが考えられます。

● 申立時に必要になる費用

次に、各手続き・書類入手にかかる費用を挙げておきます。

① 申立手数料

収入印紙で収めます。金額は1件につき800円です。これは1つの審判につき800円かかるということです。したがって、たとえば保佐で、代理権付与の審判も行う場合には、保佐開始の審判に800円、代理権付与の審判に800円、とそれぞれに手続きの手数料として収める必要があります。また、保佐の対象となる法律行為の範囲を広げる場合、その範囲を広げる手続き（同意権追加付与の申立て）の手数料に800円がかかります。補助で、代理権と同意権ともに補助人に付与する場合には、2,400円かかることになります。

② 登記手数料

2,600円です。登記手数料は、後見等が開始された後に裁判所が登記するために必要になる費用です。登記手数料は収入印紙で納めます。収入印紙は、郵便局などで買うことができます。

③ 連絡用の切手

各裁判所で金額が異なります。約3,000～5,000円程度です。連絡用として使われるものとしては、たとえば、裁判所から送られてくる審

判書の郵送費用などです。

④　鑑定費用

現金で支払うことになります。鑑定の内容によって金額は左右されるので、ケース・バイ・ケースということになりますが、約5〜10万円は見積もっておくとよいでしょう。明らかに鑑定する必要がないと認められる場合や補助を利用する場合など、鑑定を必要としない場合もあります。

⑤　専門家に支払う費用

司法書士は申立書の作成、弁護士は申立ての代理を行うことができます。依頼した内容に応じて報酬を支払う必要があります。

ただ、この報酬については一律に定まっているわけではありません。それぞれの専門家によって報酬額が異なりますから、事前に把握しておく必要があります。

⑥　必要書類の入手費用

戸籍謄本や登記事項証明書、診断書といった書類を入手するのには発行手数料がかかったり、郵送料が別途かかります。こうした費用は、各自治体で異なる場合があるので、事前に調べておくとよいでしょう。特に本籍地にある役所が遠隔地にあるような場合、戸籍謄本などを入手するまでには日数や郵送料等が別途かかりますので、余裕を見て準備するようにしましょう。

● 申立てから開始までにかかる期間と費用負担

ここでは、申立てから開始までの期間と必要になる費用の種類、誰が費用を支払うのか、について説明しておきます。

申立てから審判確定までにかかる期間ですが、それぞれの事情にある程度は左右されます。ただ、一般的には法定後見開始の申立てを行ってから約2か月から4か月ほどで審判に至ります。鑑定が必要な場合に、鑑定が早く終わればその分期間は短縮されます。

また、補助の場合には鑑定を必要としませんから、場合によっては１・２か月で審判が確定することもあります。反対に申立時に想定している制度とは別の制度の方がよいと判断された場合や、書類等に不備があるような場合にはその分遅れることがあります。

　申立時に必要になる費用は、申立手数料、登記手数料、連絡用の切手、後見や保佐の場合に原則として必要になる鑑定費用、申立書類として必要な書類を発行してもらうために必要な費用などです。

　また、申立てを司法書士や弁護士などの専門家に依頼した場合には、報酬なども必要です。専門家に依頼すると別途費用がかかります。成年後見制度の申立ての手続き自体はそれほど難しくないので、専門家

■ 申立てに必要な書類と費用（東京家庭裁判所の例）…………

書　類
- 申立書及び申立事情説明書
- 親族関係図
- 本人の財産目録及びその資料
- 本人の収支状況報告書及びその資料
- 後見人等候補者事情説明書
- 同意書
- 本人・後見人等候補者の戸籍謄本
- 本人・後見人等候補者の住民票
- 本人の登記されていないことの証明書
- 診断書（成年後見用）、診断書付票
- 愛の手帳の写し
  ※任意後見人の場合は以下の書類も必要です。
- 任意後見契約書の写し及び登記事項証明書

費用等
- 収入印紙（申立手数料---１件につき800円）
- 収入印紙（2600円。任意後見監督人選任申立ては1400円）
- 郵便切手（3200円（後見の場合）又は4100円
  （保佐・補助の場合）円分）
- 鑑定料5〜10万円程度

※上記は東京家庭裁判所のものです。支部により若干異なりますので、詳しくは直接申立てを行う家庭裁判所に確認してください。

に頼まなくてもできないことはありません。

　ただ、申立てをする際にどの制度を利用したらよいか、という点で判断に迷う面もあると思います。後から別の制度の利用に変えることもできますが、それなりの手間がかかりますから、専門家に相談するのも一つの方法です。

　申立費用は、本人が申し立てた場合は本人が支払い、本人以外が申し立てた場合には、申立人が原則として支払います。ただし、後見開始の申立てをする際に、申立費用（印紙代や切手代）を本人の負担とする旨の上申を行い、その内容が裁判所に認められた場合は、申立費用を本人負担とすることもできます。なお、専門家（司法書士や弁護士）に申立てを依頼したいが、すぐにまとまったお金を用意することができないといった場合には、民事法律扶助制度を利用する方法もあります。

　民事法律扶助とは、法的なトラブルにあった人の資力が乏しい場合に、無料の法律相談を行ったり専門家を紹介する他、裁判費用や司法書士・弁護士に支払う費用の立て替えを行う制度です。民事法律扶助は、日本司法支援センターが行っています。詳しくは日本司法支援センターのホームページ（URL:http://www.houterasu.or.jp）を参照してください。

■ 申立費用の負担について

	特別な事情がない場合	本人に相当な財産があるような場合	市区町村長が申し立てた場合
申立費用を負担する人	申立人	本人（裁判所が認めた場合）	申立人又は本人（裁判所が認めた場合）
費用の負担のしかた	申立人が申立時に費用を負担	申立人が費用を負担してから本人に求償	申立人が費用を負担。本人負担の場合のみ本人に求償

相談 後見を利用する場合にはどうすればよいか

Case 認知症の症状が進んでしまった父を保護するために、後見開始の申立てを行うことにしました。申立ての際には、どのような準備をしておくとよいのでしょうか。

回答 後見開始の申立てを行う場合、必要な書類をそろえ、成年後見人の候補者を定めて申立てを行うようにしてください。申立内容についてですが、成年後見人は包括的な権限を有していますから、権限の種類や範囲などを定める必要はありません。

相談 補助の制度を利用するにはどのような手続きが必要か

Case 同居している母が不要な商品を高い値段で購入するようになってしまいました。中にはよい品もあるのですが、たいていは不要なものばかりです。このままにするわけにもいかないので、補助の制度を利用して、私が財産管理をしようと考えています。ただ、母はプライドが高いため、補助制度の利用には反対しそうです。そこで弟と相談したのですが、こっそり私が申立てをしてしまおうと考えています。どのように手続きを進めていけばよいでしょうか。

回答 まず、法定後見制度はどの類型のものであっても本人の意思を尊重する制度ですから、本人に内緒で申立てをしたとしても、最終的には裁判所が審判を下す前に面談などで本人の意思や状況が確認されます。そして、補助は他の後見や保佐と比べるとより本人の意思を尊重する類型であるといえます。補助人にどういった権限を付与するか、という内容について定めたら、本人が「同意権付与の審判」の申立てや「代理権付与の審判」の申立てをすることになっています。し

たがって、あなたのお母さんについて補助の申立てをする場合には、お母さんにきちんと理由を説明し、納得してもらった上で申立てをするようにしましょう。

> **相談** 補助開始の申立てを行う予定だが、実際に審判を得るまでの時間と費用はどの程度かかるのか

Case 認知症の症状が進んできた夫の身の回りの世話などをしてきましたが、夫の兄が亡くなり、夫が相続することになりました。ただ、夫の兄は事業に失敗した関係で負債しか残されていないため、相続については放棄するつもりでいます。本人がそうした手続きをできる状況ではないので成年後見制度を利用したいと思いますが、期限内に手続きを行うことができるものなのでしょうか。

回答 相続を承認するか放棄するかを定める期間を熟慮期間といいます。自分のために相続の開始があったことを知った時から3か月の期間内に放棄をしなければなりません（ただし、家庭裁判所に申し立てをすることで、期間延長が認められる場合もあります）。一方、補助開始の申立てを行った場合、審判が下されるまでにはだいたい1～2か月ほどかかります。審判が下されるまでの期間は個々のケースによって異なるので、場合によっては熟慮期間内に間に合わない可能性もあります。また、補助の場合、本人が申立てを行うのが原則ですから、あなたの夫の状況によっては申立てができないことも考えられます。そのような場合には、補助よりも時間がかかる可能性のある別の制度を利用することになりますから注意が必要です。いずれにしても、時間に余裕がないと思われますから、可能であれば弁護士や司法書士などの専門家に相談した方がよいでしょう。

相談 法定後見制度を利用する際に提出する診断書は誰に書いてもらえばよいか

Case 父が成年後見制度を利用することになり、裁判所に申立てをする予定です。申立ての時に、診断書が必要だと聞きましたが、診断書は精神科医に書いてもらわなければならないのでしょうか。

回答 診断書については特に精神科医である必要はありませんから、かかりつけの医師などに書いてもらうとよいでしょう。もしあなたのお父さんにかかりつけ医がいない場合には、近所の病院や診療所の医師に依頼してもよいでしょう。ただ、診断書には、診断名、所見、判断能力についての意見と根拠などが記載されますから、的確な記載を求めるのであれば、専門医である精神科医に依頼した方がよいかもしれません。

■ 申立てに記載する内容

- **申立人に関連すること**
  氏名・本籍・住所・生年月日・職業・本人との関係
- **本人に関連すること**
  氏名・本籍・住所・生年月日・職業
- **申立ての内容に関連すること**
  申立ての趣旨・申立ての理由・本人の状況
- **成年後見人等の候補者がいる場合における候補者に関連すること**
  氏名・住所・生年月日・職業・本人との関係・勤務先・連絡先

書式　後見開始申立書

後見開始申立書

（注意）登記手数料としての収入印紙は、はらずにそのまま提出する。
この欄に申立手数料としての収入印紙８００円分をはる（はった印紙に押印しない）。

受付印

収入印紙	円
予納郵便切手	円
予納収入印紙	円

準口頭　関連事件番号　平成　　年（家　）第　　　　　号

東京家庭裁判所　御中
平成 28 年 5 月 20 日

申立人の署名押印又は記名押印　　山田 一郎 ㊞

添付書類（同じ書類は１通で足ります。審理のために必要な場合は、追加書類の提出をお願いすることがあります。）
☑ 本人の戸籍謄本（全部事項証明書）　　☑ 本人の住民票又は戸籍附票
☑ 本人の登記されていないことの証明書　☑ 本人の診断書（家庭裁判所が定める様式のもの）
☑ 本人の財産に関する資料　　　　　　　☑ 成年後見人候補者の住民票又は戸籍附票
☐

申立人

住所	〒000-0000　東京都板橋区○○町○丁目○番○号（　　　方）　電話 ××（××××）××××
フリガナ 氏名	ヤマダ　イチロウ 山田 一郎	大正 ㊵昭和 36 年 4 月 10 日生
職業	自由業（建築家）
本人との関係	※ 1 本人　2 配偶者　③四親等内の親族（　本人の長男　） 4 未成年後見人・未成年後見監督人　5 保佐人・保佐監督人 6 補助人・補助監督人　7 任意後見受任者・任意後見人・任意後見監督人 8 その他（　　　　）

本人

本籍	東京　㊵都道府県　○○区××町○番地
住所	〒000-0000　東京都台東区○○町○丁目○番○号（　　　方）　電話 ××（××××）××××
フリガナ 氏名	ヤマダ　タロウ 山田 太郎	明治 大正 11 年 8 月 20 日生 ㊵昭和
職業	無職

（注）太枠の中だけ記入してください。※の部分は、当てはまる番号を○で囲み、3又は8を選んだ場合には、（　）内に具体的に記入してください。

	申 立 て の 趣 旨
	本人について後見を開始するとの審判を求める。

申 立 て の 理 由

(申立ての理由、本人の生活状況などを具体的に記入してください。)

1. 本人は7年ほど前から老人性認知症状が現れていましたが、5年前連れ合いに先立たれたあとめっきり症状が進行し、今では日常的な買い物も1人ではできない状態となってしまいました。
2. 今までは、本人の兄弟が交替しながら面倒をみてきましたが、みな年をとり、充分な面倒をみることが難しくなりました。
3. については、経済状態、健康状態、家族関係等に特に問題がないと判断される本人の長男である山田一郎を、成年後見人として選任するよう審判を求めます。

成年後見人候補者 (適当な人がいる場合に記載してください。)	住 所	〒000-0000　　　　　　　電話××(××××)×××× 東京都板橋区○○町○丁目○番○号(　　　　方)		
	フリガナ 氏　名	ヤマダ　イチ　ロウ 山田 一郎	大正 ㊞昭和	36年 4月10日生
	職　業	自由業（建築家）	本人との関係	長　男
	勤務先	電話××(××××)×××× 東京都千代田区○○町○丁目○番○号 ○○一級建築士事務所		

(注) 太枠の中だけ記入してください。

書式　保佐開始申立書

(別紙様式第12)

受付印

収入印紙	円
予納郵便切手	円
予納収入印紙	円

保佐開始申立書

(注意)登記手数料としての収入印紙は、はらずにそのまま提出する。
この欄に申立手数料としての収入印紙800円分をはる（はった印紙に押印しない）。

申立手数料
- 保佐開始のみの場合800円
- 保佐開始＋同意権拡張（☆）の場合1，600円分
- 保佐開始＋代理権付与の場合1，600円分
- 保佐開始＋同意権拡張（☆）＋代理権付与の場合2，400円分

| 準口頭 | | 関連事件番号　平成　　年（家　　）第　　　　　　号 |

| 東京 家庭裁判所 御中　平成 ○年 ○月 ○日 | 申立人の署名押印又は記名押印 | 佐藤　茂　㊞ |

添付書類（同じ書類は1通で足ります。審理のために必要な場合は、追加書類の提出をお願いすることがあります。）
- ☑ 本人の戸籍謄本（全部事項証明書）　　☑ 本人の住民票又は戸籍附票
- ☑ 本人の登記されていないことの証明書　☑ 本人の診断書（家庭裁判所が定める様式のもの）
- ☑ 本人の財産に関する資料　　　　　　　☑ 保佐人候補者の住民票又は戸籍附票
- ☑ （同意権拡張又は代理権付与を求める場合）同意権、代理権を要する行為に関する資料（契約書写し等）
- ☐

申立人

住所	〒168-0065　東京都杉並区浜田山○丁目○番○号　　電話　03（XXXX）XXXX　（　　方）
フリガナ 氏名	サ ト ウ　シゲル　　佐　藤　茂　　大正・㊵昭和　○年 ○月 ○日生
職業	会社員
本人との関係	※ 1 本人　 2 配偶者　 ③ 四親等内の親族（本人の長男　）　4 (未成年・成年)後見人　 5 (未成年・成年)後見監督人　 6 補助人・補助監督人　 7 任意後見受任者・任意後見人・任意後見監督人　 8 その他

本人

本籍	東京 ㊪都 道 府県　世田谷区駒沢○丁目○番地
住所	〒　　　　　　　　　電話　（　　）　申立人の住所と同じ　（　　方）
フリガナ 氏名	サ ト ウ　サトシ　　佐　藤　聡　　明治・大正・㊵昭和　○年 ○月 ○日生
職業	無職

(注) 太わくの中だけ記入してください。　※の部分は、当てはまる番号を○で囲み、3又は8を選んだ場合には、（　　）内に具体的に記入してください。

保佐(1/2)

申立ての趣旨

本人について保佐を開始するとの審判を求める。

(必要とする場合に限り，当てはまる番号を○で囲んでください。)

1 本人が以下の行為（日用品の購入その他日常生活に関する行為を除く。）をするにも，その保佐人の同意を得なければならないとの審判を求める。（☆）

② 本人のために以下の行為について保佐人に代理権を付与するとの審判を求める。

(行為の内容を記入してください。書き切れない場合は別紙を利用してください。)

２につき、不動産（本人所有の別荘）の処分

そのための登記手続き

申立ての理由

(申立ての理由，本人の生活状況などを具体的に記入してください。書き切れない場合は別紙を利用してください。)

本人は、昨年１月に妻を亡くしてから申立人の住所地にて同居していたが、最近物忘れがひどくなり、日常生活に支障がでてきた。これまで本人が使っていた別荘を売りたいと思うが、本人一人ではその手続きが行えないため、本件を申し立てる。保佐人には、港区在住の甲山一郎弁護士を選任してもらいたい。

保佐人候補者	住所	〒000-0000 東京都港区××○丁目○番○号	電話 ○○(××××)×××× (方)
	フリガナ 氏名	コウ ヤマ イチ ロウ 甲 山 一 郎	大正 ・昭和 ○年○月○日生
	職業	弁護士	本人との関係
	勤務先	東京都港区××○丁目○番○号 甲山法律事務所	電話 ○○(××××)××××

（適当な人がいる場合に記載してください。）

(注) 太わくの中だけ記入してください。☆民法第13条第1項に規定されている行為については，申立ての必要はありません。

保佐 (2/2)

申　立　書　付　票（本人以外の申立用）
（後見開始，保佐開始，補助開始，任意後見監督人選任）

これは申立書を補うものですから，申立書と一緒に提出してください。当てはまる番号又は記号を○で囲んでください。また，空欄には自由に記入してください。なお，わからなければ記入しなくてもかまいません。

1　この申立ての内容に関して，これまでに家庭裁判所を利用したことがありますか。
　　①　ない。
　　2　ある。
　　　　それはいつごろですか。
　　　　　　平成＿＿＿＿年＿＿＿＿月　頃
　　　　どこの家庭裁判所ですか。
　　　　　　＿＿＿＿＿＿＿家庭裁判所＿＿＿＿＿＿＿＿＿支部・出張所
　　　　申立てをした人の氏名
　　　　　　氏名＿＿＿＿＿＿＿＿＿＿＿＿＿＿＿＿＿
　　　　事件番号（ご存じであれば記入してください。）
　　　　　　平成＿＿＿＿年（家）第＿＿＿＿＿＿＿号
　　　　事件名
　　　　　　後見開始・保佐開始・補助開始・任意後見監督人選任・その他（　　　　　　）

2　この申立てをすることを本人は知っていますか。
　　①　知っている。
　　　　同意の有無
　　　　　ア　本人は申立てのとおりの審判がされることに同意している。
　　　　　イ　本人は申立てのとおりの審判がされることに同意していない。
　　　　　ウ　本人が申立てのとおりの審判がされることに同意しているかどうかは分からない。
　　2　知らない。
　　　　その理由
　　　　　ア　本人が理解できる状態でないため
　　　　　イ　本人は理解できる状態であるが，本人に不安を与えるなどの影響を考えたため。
　　　　　ウ　本人が申立てに反対しているため。
　　　　　エ　その他（　　　　　　　　　）

3　本人の判断能力はどのような状態ですか。
　　1　一人で日常生活をするのには問題はないが，重要な財産行為（不動産，自動車などの売買，自宅の増改築，金銭の貸し借りなど）については，だれかが代わりにやる方がよい。
　　②　一人で日常の買い物などはできるが，重要な財産行為（不動産，自動車などの売買，自宅の増改築，金銭の貸し借りなど）は自分ではできない。
　　3　一人で日常の買い物などをすることができない。

本人の状態（認知症の程度など）について具体的に記入してください。
　本人は、相手の言ったことはその時点では理解するが、すぐに忘れてしまい、また、自分の言ったことも忘れてしまうことがある。不動産売買のような重要な交渉については一人では行えない状態である。

1

4 本人の生活状況はどのような状態ですか。
　1 自宅で一人で生活している。
　　　介護の有無
　　　　ア　家族が訪問するなどして介護している。
　　　　イ　介護サービスを受けている（要支援状態・要介護状態区分　1・2・3・4・5）。
　　　　ウ　特に介護を受けていない。
　②　自宅又は家族の住居で家族と一緒に生活している。
　3　老人ホームなどの施設に入所している。
　　　施設名＿＿＿＿＿＿＿＿＿＿＿＿＿＿＿＿＿＿＿＿＿＿＿＿＿＿＿

　　　連絡先　〒＿＿＿＿＿－＿＿＿＿＿　　電話＿＿＿＿（＿＿＿＿）＿＿＿＿

　4　病院，療養所などに入所している。
　　　病院名＿＿＿＿＿＿＿＿＿＿＿＿＿＿＿＿＿＿＿＿＿＿＿＿＿＿＿

　　　連絡先　〒＿＿＿＿＿－＿＿＿＿＿　　電話＿＿＿＿（＿＿＿＿）＿＿＿＿

5 本人の資産，収入などについて分かる範囲で記入してください（不動産については登記簿謄本の表示を，預貯金については銀行等の名称，口座番号などを記入してください。）
　1　不動産（土地・建物）
　　　建物（所在○○県○○市○○町○番地○、家屋番号○番○、種類居宅、構造

　　　木造平屋建、床面積○平方メートル）

　　　土地（所在○○県○○市○○町○番、地番○番○、地目宅地、地積○平方メートル）

　2　預貯金
　　　預金○○万円（○○銀行○○支店　口座番号　XXX－XXXXXXX）

　　　＿＿＿＿＿＿＿＿＿＿＿＿＿＿＿＿＿＿＿＿＿＿＿＿＿＿＿＿＿

　　　＿＿＿＿＿＿＿＿＿＿＿＿＿＿＿＿＿＿＿＿＿＿＿＿＿＿＿＿＿

　3　株式
　　　＿＿＿＿＿＿＿＿＿＿＿＿＿＿＿＿＿＿＿＿＿＿＿＿＿＿＿＿＿

　　　＿＿＿＿＿＿＿＿＿＿＿＿＿＿＿＿＿＿＿＿＿＿＿＿＿＿＿＿＿

　4　収入・年金
　　　　収入　月額＿＿＿＿＿0　円　　年金　月額＿＿＿XXX,XXXX＿円
　　　（賞与　　＿＿＿＿＿0　円）

　5　負債（借金）
　　　＿＿＿＿＿＿＿＿＿＿＿＿＿＿＿＿＿＿＿＿＿＿＿＿＿＿＿＿＿

　6　その他
　　　現金○○万円
　　　＿＿＿＿＿＿＿＿＿＿＿＿＿＿＿＿＿＿＿＿＿＿＿＿＿＿＿＿＿

2

6 成年後見人,保佐人又は補助人の候補者は,この申立てについて知っていますか。
　　① 知っている。
　　　　候補者の承諾の有無
　　　　　⑦ 選任されることを承諾している。
　　　　　イ 選任されることを承諾していない。
　　2 知らない。
　　　　理由
　　　　　--
　　　　　--
　　　　　--
　　　　　--

7 成年後見人,保佐人又は補助人の候補者に対する本人の意向はどうですか。
　　① 候補者が選任されることに賛成している。
　　2 候補者が選任されることに反対している。
　　3 意向がわからない(理解できない場合を含む。)。

8 この申立てに反対している人がいるなど,家庭裁判所に特に注意してほしいことなどがあれば記入してください。
　　　--
　　　--
　　　--
　　　--

あなたの平日昼間の連絡先
(勤め先,仕事場など)

　　株式会社〇〇〇　総務部人事課
　　　　　　　　　　　　　電話　　03(XXXX)XXXX

記入年月日及びあなたの氏名
　　平成__〇__年__〇__月__〇__日　　氏　名__〇〇　　〇〇__

書式　補助開始申立書

この用紙は必ず普通紙にコピーして使用してください。

受付印	補 助 開 始 申 立 書
収入印紙　　　円 予納郵便切手　　円 予納収入印紙　　円	（注意）登記手数料としての収入印紙は、はらずにそのまま提出する。 この欄に申立手数料としての収入印紙８００円分をはる（はった印紙に押印しない）。 申立手数料 ｛ 補助開始のみの場合８００円 補助開始＋同意権付与の場合１，６００円分 補助開始＋代理権付与の場合１，６００円分 補助開始＋同意権付与＋代理権付与の場合２，４００円分

準口頭　　関連事件番号　平成　　年（家　）第　　　　　号

東　京　家庭裁判所 　　　　　　御中 平成 ○年 ○月 ○日	申立人の 署名押印 又は記名押印	中　村　学　㊞

添付書類	（同じ書類は１通で足ります。審理のために必要な場合は，追加書類の提出をお願いすることがあります。） ☑本人の戸籍謄本（全部事項証明書）　　　　☑本人の住民票又は戸籍附票 ☑本人の登記されていないことの証明書　　　☑本人の診断書（家庭裁判所が定める様式のもの） ☑本人の財産に関する資料　　　　　　　　　☑補助人候補者の住民票又は戸籍附票 ☑（同意権又は代理権付与を求める場合）同意権又は代理権を要する行為に関する資料（契約書写し等） □

申立人	住　所	〒000-0000　　　　　　　　　　　電話 ××（××××）×××× 東京都○○区○○町○丁目○番　○○アパート○号室 （　　　　　　　　　　　　　　　方）
	フリガナ 氏　名	ナカ　ムラ　マナブ 中　村　学	大正 ㊪昭和 ○年 ○月 ○日生
	職　業	会　社　員
	本人との 関　係	※　１　本人　　　２　配偶者　　　　㊂　四親等内の親族（　本人の長男　　） 　　４　（未成年・成年）後見人　　５　（未成年・成年）後見監督人 　　６　保佐人・保佐監督人　　　　７　任意後見受任者・任意後見人・任意後見監督人 　　８　その他（　　　　　　　　）

本人	本　籍	東　京　都・道 　　　　　府・県　　○○区○○町○番地
	住　所	〒000-0000　　　　　　　　　　　電話 ××（××××）×××× 東京都○○区○○町○丁目○番　○○アパート○号室 （　　　　　　　　　　　　　　　方）
	フリガナ 氏　名	ナカ　ムラ　ジュン　コ 中　村　順　子	明治 大正 ○年 ○月 ○日生 ㊪昭和
	職　業	無　職

（注）太枠の中だけ記入してください。※の部分は、当てはまる番号を○で囲み、３又は８を選んだ場合には、
（　）内に具体的に記入してください。

補助（1/2）

この用紙は必ず普通紙にコピーして使用してください。

申　立　て　の　趣　旨

本人について補助を開始するとの審判を求める。

(必要とする場合に限り、当てはまる番号を○で囲んでください。)

1　本人が以下の行為(日用品の購入その他日常生活に関する行為を除く)をするには、その補助人の同意を得なければならないとの審判を求める。(☆)

②　本人のために以下の行為について補助人に代理権を付与するとの審判を求める。

(行為の内容を記入してください。書き切れない場合は別紙を利用してください。)

2につき本人の配偶者の遺産分割

申　立　て　の　理　由

(申立ての理由、本人の生活状況などを具体的に記入してください。)

1．平成○年○月○日、父（本人の夫）が他界し、亡父名義の土地など遺産の分割協議を行う必要が生じました。

2．本人は申立人と同じアパート内に別世帯として暮らしていますが、健忘症のため単独で協議に参加するには不安があり、本人の承諾を得て本件を申し立てたものです。

3．補助人には従来から相談している乙山二郎弁護士を選任するようお願い致します。

補助人候補者	住　所	〒000-0000　　　　　　電話 ××(××××)××××
		東京都港区××○丁目○番○号　　(　　　　　方)
適当な人がいる場合に記載してください。	フリガナ 氏　名	オツヤマ　ジロウ　　　　　　大正 乙山　二郎　　　　　　　昭和 ○年○月○日生
	職　業	弁護士　　　　本人との関係
	勤務先	東京都港区××○丁目○番○号　電話 ××(××××)×××× 乙山法律事務所

(注)　太枠の中だけ記入してください。☆申し立てる行為は、民法第13条第1項に規定されている行為の一部に限られます。

補助 (2/2)

3 審判について知っておこう

申立ての内容に対する判断が行われる

● 審判の手続きについて

　申立人の後見（保佐・補助）開始の申立てを受け付けた家庭裁判所は、まずその申立てに番号をつけます。「平成28年（家）第○○○○○号」といった形式でつけるもので、事件番号と呼ばれます。家庭裁判所は個々の申立事案を事件番号で管理します。

　したがって、裁判所とのやりとりはすべてこの事件番号を頼りに行います。実際には問い合わせ時などに必要になります。

　事件番号とともに、申立事案の担当者が決まります。家庭裁判所の担当者を調査官といいます。以後、調査官が中心となって、申立事案についての事実関係や内容について調査を進めていきます。

　申立人・成年後見人等の候補者・本人は裁判所に出向いて調査官から質問を受けます。本人が出向くことができない場合には、調査官が本人のもとに出向きます。また、調査官は必要な場合には他の関係者から話を聞き、判断材料とします。直接会う場合もあれば、郵送でのやりとりで行う場合もあります。

　調査官の調査とは別に、裁判官が事情を直接尋ねる審問を行う場合もあります。審問は、必ずしも開かれるものではなく、調査官が本人の意向を確認する場合もあります。

　関係者の調査や審問とは別に、精神鑑定が行われます。鑑定は必要な場合に行われるもので、補助などでは診断書だけで足りることもあります。家庭裁判所は、医師から提出された鑑定書と裁判所の調査・審問結果から、最終判断を下します（審判）。審判の内容と申立内容が異なることもあります。この場合は、別途調整がなされることもあ

ります。

● 審判とはどのようなものか

　法定後見の申立てがそのまま認められたり、申立内容とは少し異なる審判が下されると、その内容を記した審判書の謄本が本人、成年後見人・保佐人・補助人に選ばれた人と申立人などに郵送されます（告知）。

　成年後見人等が審判書の謄本を受領してから2週間経過すると、審判が確定します。審判が確定すると、後見（保佐・補助）が開始されます。

　審判の内容に不服がある場合には、この2週間のうちに異議申立てを行うことができます。この場合の不服とは、後見開始・保佐開始・補助開始の審判そのものに対する不服のことをいいます。審判で選ばれた成年後見人等の人選については不服とすることはできません。

　なお、この異議申立てを即時抗告といい、審判が確定するまでの2週間を即時抗告期間といいます。

　審判が確定すると、家庭裁判所の書記官から法務局に対して、審判内容が通知されます。法務局の登記官は、内容を「後見登記等ファイル」に記録します。これを登記といいます。このように、後見・保佐・補助の登記は、家庭裁判所の嘱託によって法務局で行われます。

　なお、登記内容に変更が生じたような場合には、家庭裁判所から嘱託がなされるわけではありません。本人や成年後見人・保佐人・補助人、成年後見監督人・保佐監督人・補助監督人、任意後見人や任意後見監督人が、法務局に対して、「変更の登記の申請」を行う必要があります。

　審判内容が登記されると、法務局から登記事項証明書を取得することができるようになります。登記事項証明書があれば、成年後見人・保佐人・補助人の権限を証明することができます。

● 審判前の保全処分を利用する場合とは

　通常、法定後見の審判が下されるには数か月ほどかかります。補助などで早い場合には1、2か月ということもありますが、長い場合は半年近くになることもあります。**審判前の保全処分**とは、通常の法定後見開始の申立ての手続きを進めていたのでは本人の財産が侵害されるような場合や、すぐに財産処分などを行う必要性があるような場合に利用される手続きです。

　すぐに財産処分をする必要がある場合とは、たとえば、すぐに本人の入院費を支払う必要がある場合などです。

　また、すぐに財産侵害をおさえる必要がある場合とは、たとえば一人暮らしの本人が悪質商法の餌食となっており、次々に契約しているような場合です。

　事前の保全処分の申立てを行った結果、緊急性が認められた場合、本人の財産管理人が選任されます。

　審判が下されると、財産管理人は本人の契約を取り消すことができますし、入院費を支払うこともできるようになります。

■ 審判前の保全処分

審判前の保全処分が必要な場合	緊急に施設入所契約を結ぶ必要がある 緊急に財産管理が必要である
審判前の保全処分の申立てを行える人	後見・保佐・補助開始の審判の申立人
家庭裁判所ができること	本人の財産管理者を選任する 本人の財産管理や身上監護について必要な指示をする 特に必要な場合には、財産管理人に取消権（同意権）を付与する 申立てがない状態でも必要な場合は職権で保全処分の命令を出す

相談 後見開始の申立てを行ったところ申立内容とは異なる審判が下され納得がいかない

Case 父の物忘れの症状が進んできたため、私を保佐人候補者として、保佐開始の申立てをしたところ、送られてきた審判書の謄本には、妹が保佐人として記載されていました。納得できないのですが。

回答 妹さんが保佐人に選任されたことが不服とのことですが、成年後見人などの人選について不服があったとしても、それを理由として異議申立てを行うことはできません。妹さんが保佐人として職務を果たすのを見守るようにしてください。

相談 家庭裁判所の調査官は成年後見申立人にどんなことを聞くのか

Case 先日、父の後見開始の申立てを行ったところ、家庭裁判所から調査の日時と場所が記載された文書が郵送されてきました。当日、どのようなことを聞かれるのでしょうか。

回答 成年後見開始の申立てを行うと、家庭裁判所から「調査のご連絡」という通知を受け取ります。通知に従って、家庭裁判所に出向くと、家庭裁判所の担当調査官によって、調査が行われます。調査では、申立てを行った理由や、本人の状況が質問されます。本人の財産については、支出や収入、資産の状況、生活にかかる費用などについて聞かれます。具体的には、所有している不動産などの財産とそれにかかる税金の額、預貯金通帳に記載されている収支の詳細などです。

　また、申立人や成年後見人の候補者についても、職業や家族構成、収入、預貯金の額、借金の状況などについて聞かれます。

当日は、申立理由、本人の状況、申立人、成年後見人候補について、聞かれます。本人の財産については、定期的な収支の状況、資産の状況、生活費などが聞かれます。その際、預貯金通帳のコピーをもとに具体的な内容を聞かれますから、事前にどのような内容が記載されているか、目を通しておいた方がよいでしょう。

> **相談** 一人暮らしの叔母が悪質業者と次々に契約を結んでいるため財産を保全したいのだが

Case　先日、一人暮らしをしている叔母の家に遊びに行ったところ、家中に壺や掛け軸が配置されていました。叔母に聞いても親切な人が置いていったと言うばかりで事情がわからないので、近所の人に話を聞いたところ、よからぬ業者がたくさん出入りしているようです。そこで叔母の家の掃除を手伝いながら契約書を見つけることに成功しました。契約書を見ると、支払総額が400万円を超える契約がここ3週間の間になされていることがわかりました。このままでは叔母の財産がなくなってしまうので、何とかしたいのですが、どうすればよいでしょうか。

回答　クーリング・オフできるものについてはクーリング・オフをする必要があります。また、これからさらに被害が拡大する前に、すぐにでも財産管理人を選出する必要があります。通常の法定後見の審判が下されるのを待っていたのでは間に合いませんから、審判前の保全処分の申立てを行うようにしてください。

4 鑑定はどのようにして行われるのか

診断書と鑑定書の違いと利用法について知っておく

● 利用すべき制度を医学的な側面から判断する

　実際に法定後見制度を利用しようとしても、後見・保佐・補助のうちどの制度が本人にとって適切なのかの判断は難しいものです。本人の判断能力がどの程度であるかを、把握することが難しいためです。

　そのため、法定後見制度を利用する場合には、本人がかかりつけとなっている医師等の診断を受ける必要があります（本人の精神の状態を把握している医師が望ましい）。法定後見制度の申立てを行う際には、この診断を参考にして、どの制度を利用すべきかを判断するとよいでしょう。

　申立てに先立って行われた診断の内容については、診断書として発行してもらうようにします。

　法定後見の申立てを行うときに提出する書類には、本人の状況を示す申立書や申立書を補充する事情説明書、戸籍謄本といった書類の他に本人についての診断書も必要ですから、この診断書を申立ての際に提出することになります。

　診断書の他に、障害者手帳を持っている場合にはその手帳も添付します。この他にも、本人の精神上の障害や判断能力について裁判所が判断する場合の参考となるものがある場合には、その書類を提出しましょう。

● 鑑定が必要な場合と不要な場合

　法定後見開始の申立てを行う際に、かかりつけの医師等による診断書が必要であること、後見や保佐の場合には、精神鑑定を受ける必要

があることはすでに述べました（88ページ）。

　鑑定の手続きは、本人の判断能力がどの程度あるのかを医学的に判定するために行われるものです。

　鑑定結果を記した鑑定書は、本人の精神状況の診断結果を記した診断書とは異なり、本人の判断能力がどの程度あるのかを医学的に判定した書類です。

　後見や保佐の場合は、本人保護のために行われるものですが、本人の行為について制限を加えるものです。制限を加えなければならない程度の精神上の障害が本人にあるかどうかについては慎重に判断されるべき事柄です。

　こうしたことから、後見や保佐には、診断書よりも専門的で時間もかかり、費用も高い鑑定書が必要とされます。

　他方、補助制度を利用する場合には、本人の同意が必要とされていますから、本人の意思を尊重しているといえます。

　また、本人の判断能力も、後見・保佐と比べて高いといえます。本人の行為を制限する程度も後見や保佐と比べると低く、範囲も狭いのが通常です。

　こうした事情から、補助の場合には原則として鑑定は必要とされません。ただ、補助でも判断能力についての判定が難しいような場合には、鑑定を必要とすることもあります。また、明らかにその必要がないと認められるような場合には後見や保佐であっても鑑定が行われないこともあります。

● 鑑定書と診断書について

　申立時に提出する診断書は、かかりつけ医等に依頼すると書きましたが、かかりつけ医がいない場合、特にこだわりなどがないのであれば、近所の病院や診療所の医師に依頼しても問題ありません。

　診断書を書いてもらう場合には、鑑定書とは異なって、医師が精神

科医である必要もありません。

とはいえ、診断書には、本人の状況についての診断名と所見、判断能力についての医師の意見と根拠などが記入されます。精神科医に依頼できそうな場合には精神科医に依頼した方が的確な診断書となることは間違いないでしょう。鑑定の場合には、原則として裁判所が鑑定人となる医師を指定し、診察や検査を経て鑑定することになります。

鑑定の結果を記した鑑定書には、本人の診察経過や入院先の診療録、既往歴と現病歴、日常生活や心身状態などが記載されます。親族が話した内容が記される場合もあります。また、本人の財産管理や処分に関する能力についての鑑定人の考察、失われている能力の回復の見込みといった事柄についても記載されます。

診断書と鑑定書については、「成年後見制度における鑑定書作成の手引」「成年後見制度における鑑定書書式《要点式》」「成年後見制度における診断書作成の手引」という手引きや書式が裁判所によって作成されています。

これらの手引きや書式は、家庭裁判所で手に入れることができる他、ホームページにも記載されています（裁判所ホームページ http://www.courts.go.jp 内の裁判手続の案内→裁判所が扱う事件→家事事件→成年後見制度における鑑定書・診断書作成の手引参照）。ただし、この手引きと書式は医師向けに書かれたものです。

◉ 鑑定書と診断書の費用と期間

鑑定を行う場合、事案によっても異なりますが、結果が出るまでには約1〜2か月の期間が必要です。

他方、診断の場合、どの程度の診断書を求めるかや医療機関によっても異なりますが、鑑定ほどの期間はかかりません。

費用についても両者はかなり異なります。鑑定の場合にはおよそ5〜15万円程度ですが、これも事案によって異なります。

診断書は鑑定書と比べるとかなり低額です。医療機関によって差がありますが、3,000〜10,000円程度のところが多いようです。ただ、これも鑑定並みの診断内容を求めればもっと高額になります。

　なお、家庭裁判所によってはあらかじめ鑑定料にあてる金額を納める必要があるので、利用する予定の家庭裁判所の予納額がいくらかといった面については事前に把握しておくようにしましょう。家庭裁判所では家事相談を行っています。事前に家事相談を利用して手続きに関する不明点は尋ねるようにすることも大切です。

　また、前掲の裁判所のホームページ（http://www.courts.go.jp）には、各地方の家庭裁判所の案内が出ていますから、見ておくとよいでしょう。

　後見や保佐の利用を考えている場合、申立前に医師の診断を受けるときに、診断書とともに鑑定書の作成を依頼しておくのも申立ての手続きを早める一つの方法です。

■ 鑑定と診断書の作成

鑑定書
裁判所が指定した鑑定人（医師）が、診察や検査によって本人の判断能力の鑑定を行い、鑑定書を作成します。後見、保佐の申立ての場合は原則として鑑定が必要です。補助申立ての場合も判断能力の判定が困難であれば行われることがあります。

鑑定書の記載項目（例）
・鑑定経過
・既往歴や現病歴
・日常生活の状況
・身体や精神の状態
・自己の財産を処分、管理する能力についての考察や回復の可能性など

診断書の作成
本人の主治医または精神神経科医師が作成することが想定されています。なお、診断を行う医師は申立人が依頼を行い、診断書費用も自己負担となります。

診断書の記載項目（例）
・診断名
・現病歴や現在症
・判断能力についての意見
・判定の根拠

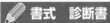 書式　診断書

（家庭裁判所提出用）
※　この診断書の記入要領については、最寄りの家庭裁判所にお問い合わせください。

診　断　書（成年後見用）

1　氏　名　　小林 洋子　　　　　　　　　男　・　㊛

　　生年月日　M・T・Ⓢ・H　　○年　○月　○日生　　（○○歳）

　　住　所　　東京都○○区○○町○丁目○番○号　○○アパート○号室

2　医学的診断
　　診断名
　　　　健忘症候群

　　所見（現病歴、現在症、重症度、現在の精神状態と関連する既往症・合併症など）
　　　　4年ほど前から記憶力の低下が見受けられるようになり、ここ2年ほど顕著になる。現時点では健忘症状が主に発現しており、一部認知症の初期症状も疑われる。半年前、体調不良を訴え検査したところ糖尿病と診断され、現在通院加療中。

　　備考（診断が未確定のときの今後の見通し、必要な検査など）
　　　　血糖値に注意して経過を追う必要有り。

3　判断能力判定についての意見（下記のいずれかをチェックするか、（意見）欄に記載する）
　　☐　自己の財産を管理・処分することができない。
　　☐　自己の財産を管理・処分するには、常に援助が必要である。
　　☑　自己の財産を管理・処分するには、援助が必要な場合がある。
　　☐　自己の財産を単独で管理・処分することができる。

（意見）

　　判定の根拠（検査意見・説明）
　　　　長谷川式簡易知能評価スケール改訂版22点。
　　　　見当識は維持されており、応答にも問題はない。
　　　　日常生活は特に問題ない。
　　　　但し、たとえば、購入して間もない食材がまだ手つかずにもかかわらず、また購入してくるなど、記憶力が低下する場合がある。

　　備考（本人以外の情報提供者など）
　　　　夫（小林 実）

以上のとおり診断します。　　　　　　　　　　　　　平成○年○月○日

病院又は診療所の名称・所在地　東京都○○区○○町○丁目○番○号　○○総合病院
担当診療科名　　　　　　　　　○○科
担当医師名　　　　丙野　一郎　㊞

相談 鑑定書が必要だと言われたがどのようなものなのか

Case 父に認知症の症状が出てきて半年ほどが経過しましたが、最近その症状が深刻になってきました。娘である私の顔もわからない時もあります。日常生活に支障をきたしているので、後見か保佐開始の申立てをしようかと考えています。裁判所に必要書類を取りに行ったところ、鑑定書が必要であることがわかりました。鑑定とはどのようなものなのでしょうか。鑑定人となってくれるような医師の知り合いなどはいないのですが、どうすればよいでしょうか。

回答 鑑定とは、本人の判断能力がどの程度あるのかを医学的に判定するために行われるものです。通常、家庭裁判所が鑑定人を指定しますが、申立人が鑑定人を推薦することもできます。鑑定人候補を見つけることができない場合には、家庭裁判所に相談してみるとよいでしょう。

■ 鑑定・診断に必要な書類とその依頼先のまとめ

類型	法定後見			任意後見 (後見監督人選出)
	後見	保佐	補助	
書類	鑑定書			診断書
依頼先	鑑定人(裁判所より指定)			医師(申立人が自分で依頼)
費用	5～15万円程度			鑑定料より低額
期間	1～2か月			鑑定より短期間

Column

成年後見人による横領などの問題

　成年後見制度は、判断能力に問題のある方の財産を守り、また、快適に生活していけるようサポートすることを目的とした制度です。しかし、財産管理を任された成年後見人等が、その代理権を悪用して、被後見人等の財産を着服したというニュースが、たびたび世間を賑わせています。

　成年後見制度が導入された当初は、成年後見人等に選任される者は、子、配偶者、兄弟姉妹、甥姪などの本人の親族が圧倒的な数を占めていました。しかし、制度の趣旨や、財産管理の責務についての理解が、社会に十分浸透していたとはいえず、結果として、親族後見人による財産着服事件が多発するという状況を招いていました。

　そこで、現在は、管理する財産が一定以上である場合や、親族間で争いごとが生じるおそれがある場合などには、家庭裁判所が専門職（弁護士や司法書士など）の第三者を成年後見人等に選任する傾向にあります。専門職後見人は、不正を行った場合、懲戒処分等の対象となりますので、一般の親族よりも不正に手を染める危険性が低いといえるでしょう。

　ただし、専門職を後見人に選任した場合であっても、後見人の不正行為を完全に防げるわけではありません。2016年4月に発表された最高裁判所の調査結果によると、2015年の1年間に発覚した専門職後見人の不正の件数は、全国で37件と過去最多を記録しており、被害総額は昨年1年間だけで約1億1000万円にのぼりました。

　こうした不正行為の被害者とならないためには、できるだけ信頼のおける人に後見人を務めてもらう必要があります。したがって、判断能力があるうちに、自分のことをよく理解し、また、将来を任せることのできる人を見つけておき、その者を任意後見人候補者とする任意後見契約を定めておくべきといえるでしょう。

第4章

任意後見制度のしくみ

1 任意後見制度を利用する

任意後見契約書は必ず公正証書で作成する

● 法定後見制度以外の備えについて

　法定後見制度は、判断能力が不十分な人の財産管理と身上監護をすることができるものですが、申立てをしてから後見等が開始するまでに時間がかかります。急いでいるときにすぐに利用できない欠点をカバーするには、**任意後見制度**を利用してあらかじめ準備をしておいたり、任意代理契約や財産管理委任契約といった契約を結んで対応する必要があります。

　判断能力がある状態のうちに、将来の備えを万全にしておくと、自分も周囲の人も安心して暮らせます。ここではどのような対応が考えられるかを時系列に並べて説明します。

　まず、判断能力がある状態から、自分の財産管理などを人にまかせたい場合には、信頼できる人との間に財産管理に関する委任契約を結び、自分に代わって管理してもらう方法があります。こうした契約は、**財産管理委任契約**、**任意代理契約**などと呼ばれています。

　将来自分の判断能力が不十分になった場合に財産管理をはじめとする支援をしてもらうには、信頼のできる人と**任意後見契約**を結びます。

　任意後見制度を利用する場合、いつから任意後見を開始するかを判断してもらう人が必要になります。そのためには、自分の判断能力がどのような状態にあるかを定期的に見てもらい、任意後見制度に移行する時期を見定めてもらう必要があります。こうしたことを依頼する契約は、見守り契約（159ページ）などと呼ばれています。

　成年後見や財産管理委任契約は、本人が生きているときに支援してもらう契約です。死後の財産管理や事務処理について何かをしてもら

いたい場合には、別の方法をとります。

　自分の死後の財産をどのように分配するかを決めるには、遺言を作成し、指示しておきます。遺言は判断能力がある状態で作成しなければならないので、判断能力がある時期に作成する必要があります。

　また、たとえば自分の葬儀についての手配をしてもらう場合には、財産管理委任契約とは別に死後の事務委任などの契約を結びます。

　このように、将来の備えを考える場合には、自分の判断能力の有無や程度、生前に必要なのか死後に必要な事柄なのかによって考えると利用すべき制度を判断しやすくなります。

● 任意後見制度とは

　任意後見制度は、将来自分の判断能力が不十分になったときに依頼する後見事務の内容と後見事務をまかせる相手を、本人が契約を結ぶ際に必要な判断能力を有しているうちに、契約で決めておく制度です。この契約が任意後見契約です。後見事務を行うことを引き受けてくれる人のことを任意後見受任者といい、本人が任意後見契約を結ぶ相手となります。

　「将来認知症になって判断ができなくなった場合にどうすればよいか」と不安に思う人が、そうした将来の不安に今のうちに備えておこう、と考えた場合に、利用できるのが任意後見制度です。

　任意後見制度の場合、自分で判断ができるうちに任意後見契約を結び、自分の状況が認知症かもしれない、と思った時に家庭裁判所に申立てをして任意後見監督人の選任をしてもらう、といった流れになります。判断能力の状態については、自分でわかる場合だけでなく、配偶者や子などが判断して申立てを行う場合もあります。任意後見監督人は、本人が選んだ任意後見人がきちんと仕事をしているかチェックする人です。

　任意後見契約を結ぶ場合、任意後見人を誰にするか、そしてどこま

での後見事務を委任するかといった内容については自由に決めることができます。自由に決めることができますが、例外として、たとえば、結婚や離婚、養子縁組など、誰かが代理して行うのではなく自分自身が行う必要があるものについては、委任することはできません。

任意後見制度は、支援してくれる人を自分で決められることと、将来を見越して事前に準備ができる点で、法定後見制度とは大きく異なります。

任意後見制度も法定後見制度と同様に、判断能力が衰えた場合に誰かに財産管理を委ねることになりますから、しっかりとチェックする人は必要になります。任意後見制度の場合には、本人があらかじめ選んでおいた任意後見人を家庭裁判所が選任した任意後見監督人がチェックします。

また、任意後見人は、任意後見受任者がなるのが原則ですが、実際に任意後見が開始されるときに、任意後見人にふさわしくないと家庭裁判所で判断された場合には、任意後見は開始されません。

このように、後見内容は本人と任意後見受任者との間で自由に決められますが、実際に後見の開始申立てが行われた時点で、任意後見受任者が任意後見人にふさわしいかどうかを家庭裁判所が判断し、任意後見監督人を選任するという形で本人の保護を図っています。

◉ 任意後見制度の手続きの流れ

現時点では何でも自分で判断して決定することができ、体も自由がきく場合に、将来認知症などで判断が低下したときの準備をしておく手立てを考えたとします。この場合、判断能力がありますから、法定後見制度は利用できません。任意後見契約か任意代理契約（財産管理委任契約）の締結を考えますが、任意代理契約については165ページを参照してください。ここでは、任意後見契約を結ぶことにします。

この場合、まず、将来自分を支援してくれる人を探します。支援し

てくれる人は、将来自分の判断能力が衰えてきた際に任意後見人として自分を支援してくれる人となるので、信頼できる人を探します。

たとえば、家族や友人といった周囲の人の他に、司法書士や弁護士といった専門家に依頼する方法もあります。

信頼できる人が見つかったらその人と任意後見契約を締結します。

任意後見契約は、公正証書（136ページ）で作成します。このため、公証役場に行きます。公証役場で公正証書が作成されると、管轄の法務局でその内容の登記がなされます。

任意後見契約を結んだ後に、本人が認知症になったとします。

これに気づいた配偶者などが、家庭裁判所に任意後見監督人選任の申立てを行います。本人が自覚していて自分で申し立てる場合もあります。家庭裁判所は、任意後見受任者が任意後見人としてふさわしいかを確認し、問題なければ任意後見監督人を選任します。この段階になってはじめて任意後見受任者は任意後見人となり、代理権が生じます。また、任意後見監督人を選任し、任意後見が開始したので、その内容が法務局で登記されます。任意後見が開始すると、任意後見人は任意後見契約で定められた財産管理などの仕事を行い、任意後見監督人はその仕事ぶりをチェックします。

なお、任意後見契約は当事者が死亡した場合以外でも終了することがあります（153ページ）。

● 任意後見契約とは

任意後見契約とは、任意後見が実際に開始される前に、支援する人と本人の間で将来の後見事務について取り決めた契約のことです。

任意後見の契約書は、本人と任意後見受任者が公証役場に出向いて、公正証書で作成します。公証役場では、本人の意思と代理権の範囲などを公証人が確認します。任意後見契約書を作成した後、公証人は、管轄の法務局に任意後見契約の登記を嘱託します。法務局では任意後

見契約について、本人と任意後見受任者が誰であるか、代理権の範囲がどの程度であるか、といった内容が登記されます。

本人と任意後見受任者の間で任意後見契約を結んだだけでは、効力は発生しません。本人の判断能力が衰えたときに、家庭裁判所に任意後見監督人の選任が申し立てられます。

そして、実際に任意後見監督人が選任されたときに任意後見受任者は任意後見人となり、契約の効力が発生します。任意後見監督人選任の申立てを行うことができる申立権者は、任意後見受任者や本人、本人の配偶者、四親等内の親族などです。

任意後見監督人は、任意後見人が任意後見契約の内容に従って後見事務を行っているかどうかを監督します。

任意後見契約にはいくつかの利用パターンがあります。

① **将来型**

文字通り、判断能力が十分なうちに将来に備えて任意後見契約を結んでおく、というものです。

② **移行型**

これは将来型と同様、将来判断能力が不十分になったら任意後見が開始するように事前に任意後見契約を結ぶものですが、それと同時に、別途財産管理委任契約を結んでおきます。この委任契約で、判断能力が十分なうちから財産管理を自分に代わって行ってもらうようにしておくものです。つまり、判断能力が十分なうちは委任契約で財産管理を委任し、判断能力が不十分になったら任意後見を開始するようにしておきます。これは、自分の状態にあわせて信頼できる人に財産管理を依頼できるという点で優れた利用方法だといえます。なお、任意後見が開始した場合に財産管理の委任契約を終了するように定めておき、委任契約の受任者と任意後見契約の任意後見受任者を同じ人にしておけば、任意後見が開始した後のトラブルを防ぐことができます。

■ 任意後見制度の流れ

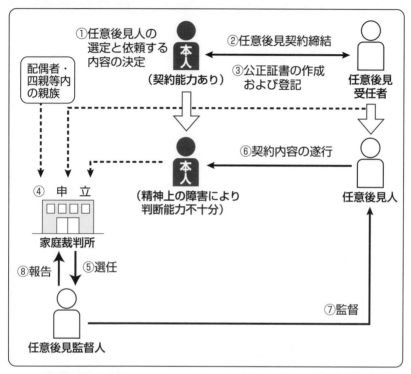

① 将来自己の判断能力が不十分になったとき、誰にどのような後見を受けたいかを決定します。
② 本人は自己が選定した任意後見人と、任意後見契約を締結します。
③ 任意後見契約の際には公証人に依頼して公正証書を作成する必要があります。公証人は東京法務局に登記の嘱託を行います。
④ 本人が精神上の障害により判断能力が十分でない状況となった時、本人、配偶者、四親等内の親族または任意後見受任者が家庭裁判所に任意後見監督人の選任を申し立てます。
⑤ 家庭裁判所が任意後見監督人を選任します。
⑥ 任意後見監督人が選任されるとともに、任意後見受任者は任意後見人となり、契約によってあらかじめ本人から委任された業務を遂行します。
⑦ 任意後見監督人は任意後見人の監督を行います。
⑧ 任意後見監督人は任意後見人の後見事務について、定期的に家庭裁判所に対して報告を行います。必要な場合には、任意後見人の解任を請求することもできます。

③ 即効型

　これは、任意後見契約を結んですぐに任意後見監督人選任の申立てを行うようなケースです。任意後見契約を結ぶには判断能力が必要ですが、本人に判断能力がある場合でも、それが多少低下していて、補助の対象となる状態であることもあります。具体的には、自分自身で判断能力が衰えはじめている、と感じはじめた段階などです。判断能力はある日突然に不十分になるというよりは、徐々に低下する場合が多いものです。このようなケースでは、低下しはじめた段階で本人が気づいて、任意後見契約を結ぶということもできます。補助を選ぶこともできますが、任意後見制度を利用したいと考えた場合には、任意後見契約を締結してすぐに効力が生じるように家庭裁判所に申立てをすることもできます。

　以上のように、任意後見契約を結ぼうと思った場合には、他の制度（委任契約など）とどちらを利用するかの選択の他、併用することも可能です。

■ 任意後見契約利用のポイント

	将来型	移行型	即効型
財産管理の方針・制度利用の目的	将来判断能力が低下したときになってはじめて支援を頼む	将来判断能力が低下したときはもちろん、判断能力のある現在から支援を頼む	すでに判断能力が落ちてきつつある現在からすぐに支援を頼む
任意後見契約締結時の状態	判断能力が十分にあり、自分のことは自分ですべて行える	現在、判断能力は十分にある	現在、判断能力が落ちてきているが、任意後見契約の締結を行う能力はある
契約締結後の動き（実際に行うこと）	任意後見契約を締結するにとどまる。将来判断能力が低下したときに、任意後見監督人選任の申立てを行う	任意後見契約と委任契約を同時に結んでおき、早速、委任契約に基づいて財産管理をゆだねる	任意後見契約を締結してすぐに任意後見監督人選任の申立てを行い、任意後見を開始する

相談 複数の契約を結ぶ場合や複数の任意後見受任者がいる場合の費用はどうなるのか

Case 私は任意後見契約と見守り契約を司法書士と娘との間で締結しました。財産的な管理については司法書士に任せ、私の身の回りについては娘に任せることになっています。このような場合、契約書はどのように作成するのでしょうか。また、どのような費用がかかるのでしょうか。

回答 あなたの場合、任意後見契約と見守り契約という2つの契約を結んでいますから、この契約ごとに契約書を作成する必要があります。そして任意後見契約については司法書士とあなたの娘さんとの間で別々に結んでいることになりますから、2種類の契約書を作成することになります。また、見守り契約についてですが、こちらも司法書士と娘さんとの間で別途結んだ場合には2種類の契約書を作成することになります。司法書士とだけ結んだ場合には1種類の契約書で計算することになります。

任意後見人に支払う報酬については、任意後見契約を締結する際に、支払方法とともに任意後見受任者と定めておけば、あなたの判断能力が低下した後でも、任意後見人はその方法で報酬を受け取ることができます。任意後見監督人については家庭裁判所が報酬額を定め、あなたの財産から支払われることになります。

契約書作成にかかる費用については、任意後見契約と見守り契約を締結していますから、まずそれぞれの契約の数の分だけ公正証書作成の基本手数料（1契約につき1万1,000円）がかかる他、法務局への登記嘱託手数料（1,400円）、印紙代（2,600円）、書留郵便の代金（約540円）、用紙代（250円×枚数分）がかかります。

2 任意後見人について知っておこう

求められていることは成年後見人等と同じ

● 任意後見人について

　任意後見契約は、法定後見制度とは異なり、本人と任意後見受任者との間で自由に内容を定めることができるのが原則です。ただ、任意後見契約も成年後見制度の理念を反映したものですから、想定される内容はおおむね法定後見制度と同様です。

　任意後見人が行う仕事の内容は、任意後見契約に従いますが、任意後見人に求められていることは成年後見人等と同様に、本人の財産管理に関することと、身上監護に関することです。

　任意後見人には、本人との間に結んだ事柄についての代理権が与えられています。任意後見人の職務も、この代理権が与えられている法律行為に関連する内容となります。

　なお、介護サービスを自ら提供する行為は、法律行為ではありませんから、任意後見人の職務ではありません。

　たとえば、財産管理の面で、任意後見人に本人所有の不動産に関する法律行為の代理権が与えられている場合には、この不動産売買を行うにあたって必要な行為が職務内容となります。

　身上監護事務も同様です。たとえば、任意後見人に介護保険や福祉サービスの利用契約に関する代理権が与えられている場合、これに付随する諸手続きやサービス内容の確認などは任意後見人の職務となります。任意後見人に与えられた権限については、「代理権目録」（142ページ）に詳細を記すことになっています。この代理権目録は2つの様式のどちらかで作成することになっています。一つはすでに用意されている項目から選択する様式で、もう一つは個別に記載する様式です。

● 任意後見制度のデメリット

　任意後見人は、任意後見契約で与えられた範囲内でしか本人を支援できません。任意後見契約で与えられた権限の範囲が狭すぎたり代理権だけでは対応できないような場合、本人の支援を十分に行えない可能性があります。しかし、任意後見制度では、代理権の範囲を変えるような変更は認められていません。範囲が増える部分については別途新たな契約を結ばなければなりません。任意後見契約は本人の判断能力が十分な場合には締結できますが、本人の判断能力を欠いた状態や不十分な状態になった後では新たな契約を結ぶことができません。

　一方、法定後見制度場合、成年後見人等には、代理権だけでなく同意権・取消権を与えることができますし、権限が及ぶ範囲を広く設定することも可能です。

　こうした事情から、与えられた権限で十分な支援が行えないと判断した場合には、任意後見人自らが本人について法定後見開始の審判を申し立てることができるようになっています。実際に任意後見が開始される前にこうした事情に気づいた場合には、任意後見受任者も法定後見開始の審判を申し立てることができます。

● 任意後見人にはどのような人を選ぶべきか

　選んだ人が任意後見人に適さないと判断されると、任意後見契約の効力は生じないので、適切な人を任意後見人にしなければなりません。

　未成年や、破産者の他、裁判所から法定代理人を解任されたことのある人、また、本人に対して訴訟を起こしたことのあるような人やその親族などは避けるようにしましょう。任意後見人には本人の財産管理も任せることになりますから、浪費癖がある人も不向きです。それ以外の人であれば、信頼できる成人を選ぶとよいでしょう。また、財産が多い場合や、任せる内容が多いような場合には、複数の任意後見人を選んでおいてもよいでしょう。

3 任意後見契約書は公正証書にする

本人の戸籍謄本や住民票などを用意して公証役場で作成する

● 公正証書の作成方法と費用について

　任意後見制度を利用する場合、任意後見契約を結びますが、任意後見契約書は、必ず**公正証書**で作成しなければなりません。これは契約書を公正証書で作成することを法律で求められているからで、公正証書にしなければ、法的な効力が認められません。

　公正証書は、公証役場で公証人が作成します。公正証書は、公証人が法律に従って作成する公文書で、高い証明力を持つものです。

　公証人は、原則として30年以上の実務経験を持つ法律実務家の中から任命される他、長年法務に携わっていた人や学識経験をもっている人のうち公証人審査会の選考を経た人が任命されます。原則として公証人は、公証役場で仕事を行っていますが、体力的な理由などで公証役場に本人が出向くことができないような場合には、本人の自宅や入院中の病院などに公証人の方が出向いて公正証書を作成することもあります。

　任意後見契約の公正証書を任意後見契約公正証書といいます。

　また、任意後見契約と同時に見守り契約や財産管理の委任契約などを締結する場合には、その契約も公正証書で作成することができます。

　任意後見契約公正証書を作成する場合には、本人の戸籍謄本、住民票、任意後見受任者の住民票が必要です。なお、本人が外国人である場合には、外国人登録証明書が必要になります。また、任意後見受任者が法人の場合には、登記事項証明書が必要になります。これらの書類は、3か月以内に発行されたものであることが必要です。

　この他、たとえば実印や印鑑登録証明書、運転免許証やパスポート

などの本人と任意後見受任者自身を確認できるものがそれぞれについて必要になります。

公正証書を作成する費用は以下の通りです。

① 公正証書作成の基本手数料 1万1,000円
② 法務局への登記嘱託手数料 1,400円
③ 法務局に納付する印紙代（収入印紙代）2,600円
④ 書留郵便の料金 約540円
⑤ 用紙代 250円×枚数分

なお、任意後見契約と同時に委任契約などを結ぶ場合にはその契約数分の公正証書作成の基本手数料と用紙代などがかかります。

また、任意後見受任者が複数の場合には、本人と各任意後見受任者の間で個別に契約が交わされますから、その契約数分の費用が、別途かかります。ただし、各受任者が共同してのみ後見事務を行う場合は、1つの契約ですみます。

この場合でも、用紙代や郵送料などは人数分かかる場合があるので、詳細については公証役場で尋ねた方がよいでしょう。

■ 公正証書の作成の流れ

```
┌─────────────────────────────────────┐
│ 申請前に公正証書の作成について当事者の合意が必要 │
└─────────────────────────────────────┘
                    ↓
┌─────────────────────────────────────┐
│            申請書類を再チェック              │
├─────────────────────────────────────┤
│ ・公正証書にしたい文面                      │
│ ・法人の場合には代表者の資格証明書や商業登記事項証明書 │
│ ・印鑑証明                              │
└─────────────────────────────────────┘
                    ↓
┌─────────────────────────────────────┐
│            公証役場へ行く                │
└─────────────────────────────────────┘
                    ↓
┌─────────────────────────────────────┐
│           公証人が文書を作成              │
└─────────────────────────────────────┘
```

第4章 任意後見制度のしくみ

書式 任意後見契約公正証書

任意後見契約公正証書

　本公証人は、当事者の嘱託により、その法律行為に関する陳述の趣旨を録取し、この証書を作成する。

　委任者・被後見人（甲）
　　　　本　　籍
　　　　住　　所
　　　　氏　　名　　　　伊藤　豊
　　　　生年月日
　受任者・後見人（乙）
　　　　住　　所
　　　　氏　　名　　　　伊藤　徹
　　　　生年月日

第1条（契約の趣旨）
　平成○○年○月○日、甲は乙に対して、任意後見契約に関する法律に基づき、同法第4条第1項所定の要件に該当する状況における甲の財産管理及び療養看護生活に関する事務（以下「後見事務」という）を委任し、乙はこれを受任した。

第2条（契約の発効）
1　前項の契約（以下「本契約」という）は任意後見監督人が選任されたときからその効力を生ずる。
2　本契約締結後、甲が任意後見契約に関する法律第4条第1項所定の要件に該当する状況になり、乙が本契約による後見事務を行うことを相当と認めたときは、乙は家庭裁判所に対し任意後見監督人の選任を請求する。
3　本契約効力発生後における甲と乙との間の法律関係については、任意後見契約に関する法律及び本契約に定めるものの他、民法の規定に従う。

第3条（委任事務の範囲）
1　甲は乙に対し、別紙代理権目録記載の後見事務（以下「本件後見事務」という）を委任し、その事務のための代理権を付与する。
2　乙が本契約に基づいて行う後見事務の対象となる財産は別紙物件目録記載の財産及びその果実とする。
3　本契約の効力発生後に、贈与、相続、遺贈、その他の事由により、甲の財産が増加したときは、その財産も本件後見事務の対象となる。

第4条（身上配慮の責務）
1　乙は、本件後見事務を処理するに当たっては、甲の意思を尊重し、かつ、甲の身上に配慮する。
2　乙は、本件後見事務処理のため、適宜甲と面接し、ヘルパーその他日常生活援助者から甲の生活状況につき報告を求め、主治医その他医療関係者から甲の心身の状態につき説明を受けることなどにより、甲の生活状況及び健康状態の把握に努めるものとする。

第5条（証書等の保管等）
1　乙は、本件後見事務処理に必要な証書類等につき、甲のもとから引渡を受けて保管し、後見事務処理のために、これを使用することができる。
2　本契約の効力発生後、甲以外の者が後見事務処理に要する前条記載の証書類等を占有所持しているときは、乙は、その者に対し、これらのものの引渡を求めて自ら保管することができるものとする。

第6条（費用の負担）
　乙の本件後見事務処理に要する費用は甲の負担とし、乙はその管理する本件管理財産からこれを支出することができる。

第7条（報酬）
1　甲は、乙に対し、本契約の効力発生後、本契約に基づく本件後見事務処理に対する報酬として、毎月末日限り金〇〇万円を支払うものとし、乙は、その管理する本件管理財産からその支出を受けることができる。
2　前項の報酬額が、次の事由により不相当となった場合には、甲及

び乙は任意後見監督人と協議の上、これを変更することができる。
一　甲の生活状況又は健康状態の変化
二　経済情勢の変動
三　その他現行報酬額を不相当とする特段の事情の発生

第8条（報告）
1　乙は、3か月毎に、任意後見監督人に対し、本件後見事務に関する次の事項について書面で報告する。
一　本件管理財産の管理状況
二　甲の身上監護につき行った措置
三　費用の支出及び使用状況
四　報酬の収受
2　乙は、任意後見監督人の請求があるときは、いつでも速やかにその求められた事項について報告する。

第9条（契約の解除）
1　任意後見監督人が選任される前においては、甲又は乙は、いつでも公証人の認証を受けた書面によって、本契約を解除することができる。
2　任意後見監督人が選任された後においては、甲又は乙は、正当な事由がある場合に限り、家庭裁判所の許可を得て、本契約を解除することができる。
3　本契約を解除した当事者は、直ちに任意後見契約の終了登記申請手続をする。

第10条（契約の終了）
1　本契約は次の場合に終了する。
一　甲又は乙が死亡もしくは破産したとき
二　乙が後見開始の審判を受けたとき
三　甲が任意後見監督人が選任された後に、後見開始、保佐開始又は補助開始の審判を受けたとき
2　前項第一号の場合、生存当事者又は破産した当事者は、直ちに任意後見契約終了の登記申請手続をする。

以上

本旨外要件

　　住　　所
　　職　　業
　　委任者　　伊藤　豊　㊞
　上記の者は運転免許証を提出させてその人違いでないことを証明させた。
　　住　　所
　　職　　業
　　受任者　　伊藤　徹　㊞
　上記の者は運転免許証を提出させてその人違いでないことを証明させた。
　上記列席者に閲覧させたところ、各自その内容の正確なことを承認し、下記に署名・押印する。

　　　　　　　　　　　　　　　　　　　　田中　克彦　㊞
　　　　　　　　　　　　　　　　　　　　山本　智子　㊞

　この証書は、平成〇〇年〇月〇日、本公証役場において作成し、下記に署名・押印する。

　　　　　　　　　　　　〇〇県〇〇市〇〇町〇丁目〇番〇号
　　　　　　　　　　　　　　　〇〇法務局所属
　　　　　　　　　　　　　　　　公証人　　渡辺　和夫　㊞

　この正本は、平成〇〇年〇月〇日、委任者〇〇〇〇の請求により下記本職の役場において作成した。

　　　　　　　　　　　　　　　〇〇法務局所属
　　　　　　　　　　　　　　　　公証人　　渡辺　和夫　㊞

書式 代理権目録

附録第1号様式

代理権目録

A 財産の管理・保存・処分等に関する事項
　A1□ 甲に帰属する別紙「財産目録」記載の財産及び本契約の締結後に甲に帰属する財産（預貯金〔B1・B2〕を除く。）並びにその果実の管理・保存
　A2□ 上記の財産（増加財産を含む。）及びその果実の処分・変更売却
　　　□賃貸借契約の締結・変更・解除
　　　□担保権の設定契約の締結・変更・解除
　　　□その他（別紙「財産の管理・保存・処分等目録」記載のとおり）
B 金融機関との取引に関する事項
　B1□ 甲に帰属する別紙「預貯金等目録」記載の預貯金に関する取引（預貯金の管理、振込依頼・払戻し、口座の変更・解約等。以下同じ。）
　B2□ 預貯金口座の開設及び当該預貯金に関する取引
　B3□ 貸金庫取引
　B4□ 保護預り取引
　B5□ 金融機関とのその他の取引
　　　□当座勘定取引　　□融資取引
　　　□保証取引　　　　□担保提供取引
　　　□証券取引〔国債、公共債、金融債、社債、投資信託等〕
　　　□為替取引
　　　□信託取引（予定（予想）配当率を付した金銭信託（貸付信託）を含む。）
　　　□その他（別紙「金融機関との取引目録」記載のとおり）

Ｂ６☐　金融機関とのすべての取引
　Ｃ　定期的な収入の受領及び費用の支払に関する事項
　　Ｃ１☐　定期的な収入の受領及びこれに関する諸手続
　　　☐家賃・地代　☐年金・障害手当金その他の社会保障給付
　　　☐その他（別紙「定期的な収入の受領等目録」記載のとおり）
　　Ｃ２☐　定期的な支出を要する費用の支払及びこれに関する諸手続
　　　☐家賃・地代　☐公共料金
　　　☐保険料　☐ローンの返済金
　　　☐その他（別紙「定期的な支出を要する費用の支払等目録」記載のとおり）
　Ｄ　生活に必要な送金及び物品の購入等に関する事項
　　Ｄ１☐　生活費の送金
　　Ｄ２☐　日用品の購入その他日常生活に関する取引
　　Ｄ３☐　日用品以外の生活に必要な機器・物品の購入
　Ｅ　相続に関する事項
　　Ｅ１☐　遺産分割又は相続の承認・放棄
　　Ｅ２☐　贈与若しくは遺贈の拒絶又は負担付の贈与若しくは遺贈の受諾
　　Ｅ３☐　寄与分を定める申立て
　　Ｅ４☐　遺留分減殺の請求
　Ｆ　保険に関する事項
　　Ｆ１☐　保険契約の締結・変更・解除
　　Ｆ２☐　保険金の受領
　Ｇ　証書等の保管及び各種の手続に関する事項
　　Ｇ１☐　次に掲げるものその他これらに準ずるものの保管及び事項処理に必要な範囲内の使用
　　　☐　登記済権利証
　　　☐　実印・銀行印・印鑑登録カード

　　　　□　その他（別紙「証書等の保管等目録」記載のとおり）
　　Ｇ２□　株券等の保護預り取引に関する事項
　　Ｇ３□　登記の申請
　　Ｇ４□　供託の申請
　　Ｇ５□　住民票、戸籍抄本、登記事項証明書その他の行政機関の発
　　　　　行する証明書の請求
　　Ｇ６□　税金の申告・納付
Ｈ　介護契約その他の福祉サービス利用契約等に関する事項
　　Ｈ１□　介護契約（介護保険制度における介護サービスの利用契約、
　　　　　ヘルパー・家事援助者等の派遣契約等を含む。）の締結・変
　　　　　更・解除及び費用の支払
　　Ｈ２□　要介護認定の申請及び認定に関する承認又は異議申立て
　　Ｈ３□　介護契約以外の福祉サービスの利用契約の締結・変更・解
　　　　　除及び費用の支払
　　Ｈ４□　福祉関係施設への入所に関する契約（有料老人ホームの入
　　　　　居契約等を含む。）の締結・変更・解除及び費用の支払
　　Ｈ５□　福祉関係の措置（施設入所措置等を含む。）の申請及び決
　　　　　定に関する異議申立て
Ｉ　住居に関する事項
　　Ｉ１□　居住用不動産の購入
　　Ｉ２□　居住用不動産の処分
　　Ｉ３□　借地契約の締結・変更・解除
　　Ｉ４□　借家契約の締結・変更・解除
　　Ｉ５□　住居等の新築・増改築・修繕に関する請負契約の締結・変
　　　　　更・解除
Ｊ　医療に関する事項
　　Ｊ１□　医療契約の締結・変更・解除及び費用の支払
　　Ｊ２□　病院への入院に関する契約の締結・変更・解除及び費用の

　　　　支払
K　A〜J以外のその他の事項（別紙「その他の委任事項目録」記載のとおり）
L　以上の各事項に関して生ずる紛争の処理に関する事項
　L1□　裁判外の和解（示談）
　L2□　仲裁契約
　L3□　行政機関等に対する不服申立て及びその手続の追行
　L4・1　任意後見受任者が弁護士である場合における次の事項
　　L4・1・1□　訴訟行為（訴訟の提起、調停若しくは保全処分申立て又はこれらの手続の追行、応訴等）
　　L4・1・2□　民事訴訟法第55条第2項の特別授権事項（反訴の提起、訴えの取下げ・裁判上の和解・請求の放棄・認諾、控訴・上告、復代理人の選任等）
　L4・2□　任意後見受任者が弁護士に対して訴訟行為及び民事訴訟法第55条第2項の特別授権事項について授権をすること
　L5□　紛争の処理に関するその他の事項（別紙「紛争の処理等目録」記載のとおり）
M　復代理人・事務代行者に関する事項
　M1□　復代理人の選任
　M2□　事務代行者の指定
N　以上の各事務に関連する事項
　N1□　以上の各事項の処理に必要な費用の支払
　N2□　以上の各事項に関連する一切の事項

注1　本号様式を用いない場合には、すべて附録第2号様式によること。
　2　任意後見人が代理権を行うべき事務の事項の□にレ点を付すること。

3　上記の各事項（訴訟行為に関する事項〔L4・1〕を除く。）の全部又は一部について、数人の任意後見人が共同して代理権を行使すべき旨の特約が付されているときは、その旨を別紙「代理権の共同行使の特約目録」に記載して添付すること。

4　上記の各事項（訴訟行為に関する事項〔L4・1〕を除く。）の全部又は一部について、本人又は第三者の同意（承認）を要する旨の特約が付されているときは、その旨を別紙「同意（承認）を要する旨の特約目録」に記載して添付すること（第三者の同意（承認）を要する旨の特約の場合には、当該第三者の氏名及び住所（法人の場合には、名称又は商号及び主たる事務所又は本店）を明記すること）。

5　別紙に委任事項・特約事項を記載するときは、本目録の記号で特定せずに、全文を表記すること。

書式　任意後見監督人選任申立書

任意後見監督人選任申立書

（注意）登記手数料としての収入印紙は、はらずにそのまま提出する。
この欄に申立手数料としての収入印紙800円分をはる（はった印紙に押印しない）。

受付印	
収入印紙	円
予納郵便切手	円
予納収入印紙	円

準口頭　関連事件番号　平成　　年（家　　）第　　　　　号

東京 家庭裁判所 御中	申立人の署名押印又は記名押印	吉田　大介　㊞
平成　○年　○月　○日		

添付書類（審理のために必要な場合は、追加書類の提出をお願いすることがあります。）
☑ 本人の戸籍謄本（全部事項証明書）
☑ 本人の後見登記事項証明書
☑ 本人の財産に関する資料
☑ 任意後見契約公正証書の写し
☑ 本人の診断書（家庭裁判所が定める様式のもの）
☑ 任意後見監督人候補者の住民票又は戸籍附票
　（候補者を立てていただく取扱いの場合のみ必要です）
☐

申立人

住所	〒000-0000　　電話　03（××××）×××× 東京都中野区××○丁目○番○号　　　（　　　方）
フリガナ 氏名	ヨシ　ダ　ダイ　スケ 吉田　大介　　大正・㊐昭和 ○年 ○月 ○日生
職業	会社員
本人との関係	※ 1 本人　2 配偶者　③ 四親等内の親族（ 本人の長男 ） 4 任意後見受任者　5 その他（　　　　）

本人

本籍	東京　㊐都・道・府・県　新宿区××○丁目○番地
住所	〒　-　　　電話　（　　） 申立人の住所と同じ　　　（　　　方）
フリガナ 氏名	ヨシ　ダ　イサム 吉田　勇　　明治・大正・㊐昭和 ○年 ○月 ○日生
職業	無職

（注）太わくの中だけ記入してください。※の部分は、当てはまる番号を○で囲み、3又は5を選んだ場合には、（　　）内に具体的に記入してください。

任後監督（1/2）

申立ての趣旨

任意後見監督人の選任を求める。

申立ての理由

(申立ての理由、本人の生活状況などを具体的に記入してください。)

1. 本人は長年にわたって自己の所有するアパートの管理を行っており、平成〇年〇月〇日に乙山一郎弁護士との間で任意後見契約を結んだ。その後、認知症の症状が進み、アパートの家賃の徴収や賃貸借契約等を一人で行うことができなくなったので、本件を申し立てた。

2. 本人は、申立人夫婦らと同居しており、日中は自宅で過ごすことが多い。また、週に1回、〇〇病院に通院している。
　　病院への送迎や食事、身の回りの世話などは申立人の妻が行っている。

任意後見契約	公正証書を作成した公証人の所属	東京 法務局 証書番号 平成〇年第〇〇〇〇号
	証書作成年月日	平成〇年〇月〇日 登記番号 第〇〇〇〇-〇〇〇〇号

任意後見受任者	住所	〒000-0000 東京都港区××〇丁目〇番〇号	電話 〇〇(××××)×××× (方　　　)
	フリガナ 氏名	オツヤマ イチロウ 乙山 一郎	大正・㊌昭和・〇年〇月〇日生
	職業	弁護士	本人との関係
	勤務先	東京都港区××〇丁目〇番〇号	電話 〇〇(××××)××××

(注) 太わくの中だけ記入してください。

4 任意後見監督人について知っておこう

任意後見人を監督するために必ず選任しなければならない

● 任意後見監督人は必ず選任する

　任意後見制度で任意後見人を監督する人のことを**任意後見監督人**といいます。任意後見契約では、任意後見監督人が選任されなければ、任意後見契約の効力は生じないしくみになっています。

　任意後見制度における任意後見監督人は、任意後見制度を利用する本人の安全を図るという点で非常に大きな役割を果たしています。成年後見監督人等の選任が任意である法定後見制度とは、この点で大きく異なります。

　任意後見制度では、本人と任意後見受任者との間で事前に任意後見契約が結ばれます。そして、任意後見契約の内容を実行すべきタイミング（本人の判断能力の低下など）が来ると、任意後見受任者などによって、家庭裁判所に任意後見監督人選任の審判の申立てがなされます。このとき、本人以外が申立人となっている場合で、本人の意思表示が可能であるときは、本人の同意を得ておく必要があります。

　申立てを受けた家庭裁判所は、候補者が任意後見監督人としてふさわしいかどうかを成年後見人等や成年後見監督人等の場合と同じような基準で判断します。ただし、任意後見監督人は、その仕事内容の重要性から、本人の親族等ではなく、弁護士・司法書士・社会福祉士などの専門職の第三者が選ばれることが多いようです。任意後見受任者に近い親族や、本人に対して訴訟をした者、破産者で復権していない者などは、任意後見監督人になることが認められていません。

　なお、成年後見監督人等と同様、法人でも複数の人でも、任意後見監督人になることができます。複数の任意後見監督人が選任された場

合には、各人の役割を分担するか共同して行うかをあらかじめ家庭裁判所が定めることになっています。

複数の任意後見人が選ばれている場合、任意後見人全員をひとりの任意後見監督人が監督することもできますし、複数の任意後見監督人が各任意後見人を個別に監督することもできます。

● 任意後見監督人の仕事とは

任意後見監督人の存在は、本人の安全を図るという点で、法定後見における成年後見監督人等と比べて非常に大きな役割を果たしています。任意後見監督人の職務のメインは、任意後見契約で定められた後見事務の内容を任意後見人が適切に行っているかどうかを監督することです。任意後見監督人は任意後見人の仕事の状況を把握するために、任意後見人の職務内容や遂行状況についての報告を求めることができます。さらに、任意後見人の仕事の状況や本人の財産状況について、調査することもできます。

なお、任意後見人の職務内容に本人の財産管理が含まれている場合には、その財産管理の状況について厳重にチェックを行います。具体的には、支出の内容や計算状況まで調べます。

任意後見監督人はこのようにして得た任意後見人の職務遂行状況を定期的に家庭裁判所に報告します。

任意後見人が死亡したり病気や不在といった事情で後見事務を行えない状況になった場合、任意後見監督人は任意後見人に与えられた代理権の範囲内で必要な法律行為を行います。

さらに、任意後見人の不正な行為を見つけた場合や、任意後見人に著しい不行跡があった場合（任意後見人としての行為が著しく不適格である場合）、任意後見監督人は家庭裁判所に任意後見人の解任を申し立てることができます。この他、任意後見人が権限を濫用している場合、財産の管理方法が不適当であった場合、任務を怠った場合にも、

解任の申立てができます。

　任意後見人の仕事ぶりに問題がなかった場合でも、もともと任意後見人に与えられた権限の範囲が狭すぎたり代理権だけでは対応できないような事情がある場合、本人の支援が十分に行えない可能性があります。このような場合、任意後見監督人は、本人について法定後見開始の審判を申し立てることができます。このように、任意後見人には何の問題もなく任意後見契約自体に問題があるような場合でも、本人の支援を十分なものにするように目を配ることは、任意後見監督人の大事な職務です。

　なお、任意後見契約が終了した場合、本来の任意後見監督人の職務を行う根拠となる任意後見契約が終了しているため、任意後見監督人もその任を解かれます。しかし、任意後見契約終了時に本人の保護が必要な場合には、新たな任意後見契約による任意後見か、法定後見が開始されるまでは、任意後見監督人が本人の保護や支援を行うのが妥当であるとされています。

● 任意後見監督人の辞任・解任

　任意後見監督人は、任意後見制度を利用する上で非常に重要な役割を果たしているため、勝手に辞任することができません。ただし、正

■ 任意後見監督人の仕事内容

- 任意後見人の仕事ぶりのチェック
- 財産管理の状況のチェック
- チェックした内容を家庭裁判所に報告
- （任意後見人が不適任であると判断した場合）
  任意後見人の解任の申立て
- （任意後見人が仕事を行えない場合）
  代理して任意後見人の職務を遂行

当な事情や理由がある場合には家庭裁判所が辞任を許可します。

　正当な事情や理由とは、たとえば、遠隔地に転勤したような場合や、高齢になったり病気になって任意後見監督人の職務を行うことが難しくなった場合などです。家庭裁判所の許可があれば、任意後見監督人を辞任することができます。

　また、任意後見監督人が解任される場合もあります。任意後見監督人が解任される場合は、任意後見人が解任される場合と同様の理由によります。

　任意後見監督人の解任の申立ては、本人、本人の親族、検察官の他、家庭裁判所が職権で行うこともできます。

　また、任意後見監督人の状況が選任時と変わった場合も、注意が必要です。たとえば、任意後見監督人が破産者となった場合や任意後見人と利害が一致する状況になった場合には、任意後見監督人はその地位を失います。

　このような場合や任意後見監督人が辞任や解任されたような場合、家庭裁判所は新たな任意後見監督人を選任することになります。

　任意後見監督人は、任意後見契約の効力が生じる前提となっていますから、新しい任意後見監督人が選ばれるまでの間といっても、任意後見監督人不在の状態にすることはできません。こうした事態を避けるために、家庭裁判所は、後任の任意後見監督人の選任と前任の任意後見監督人の辞任の許可や解任を同時に行います。

■ **任意後見監督人の選任と辞任**

	任意後見監督人の進退	基　準
選　任	必須	本人との利害関係の有無・適性の有無
辞　任	許可が必要	正当な事由の有無

5 任意後見はどんな場合に終了するのか

当事者の死亡や解任などの事情により終了する

● 任意後見契約の終了

　任意後見契約は、任意後見契約の解除、任意後見人の解任、本人について法定後見の開始、本人の死亡、任意後見人の死亡などにより、終了します。

　任意後見契約は、通常の委任契約であれば、当事者の一方の申し出によって、あるいは両者の合意によって、いつでも解除することができますが、任意後見契約の解除の場合には、いくつかの条件を満たした場合にはじめて解除することができます。

　任意後見契約では、任意後見監督人が選任される前に解除する場合と後に解除する場合とで、条件が異なります。

　任意後見監督人が選任される前に解除する場合には、本人か任意後見受任者のどちらからでも解除することができます。解除を申し入れる場合、公証人の認証を受けた解除通知書（155ページ）を相手に送る必要があります。送る際には、内容証明郵便を使うとよいでしょう。

　認証とは、署名や署名押印、記名押印が本人のものであることを公証人が証明することです。認証を受けた書面は、作成者（作成名義人）の意思に基づいて作成されたことが推定されます。双方が同意して解除する場合にも、公証人の認証を受けた合意解除書が必要です。

　任意後見監督人選任後に解除する場合は、解除するのに正当な理由や事情がある場合に限って、家庭裁判所の許可を受け、解除することができます。たとえば、本人と任意後見人間の信頼関係が破たんしている場合や、転居によって任意後見人が仕事をすることができなくなった場合、任意後見人の心身の状態が仕事をすることができない状

態になった場合などです。任意後見人の仕事ぶりから、契約違反や違法行為があったような場合も解除の原因となります。このような事情がない場合、自由に解除を申し出ることはできません。

● 任意後見人の解任

任意後見人を解任する場合は、本人や本人の配偶者や親族、任意後見監督人、検察官の請求を受けた家庭裁判所が行います。任意後見人がその職務を行うにはふさわしくないと判断された場合に任意後見人は解任されます。

● 本人について法定後見の開始

本人の法定後見が開始された場合についてですが、通常は任意後見契約が結ばれている場合には、法定後見は開始されません。例外として、法定後見を開始した方が本人のために必要であると判断された場合に、法定後見開始の申立てがなされます。申立てを受けた家庭裁判所が法定後見を開始する必要があると判断した場合には、法定後見開始の審判が行われます。

● 本人の死亡、任意後見人の死亡

本人や任意後見人が死亡した場合には、いずれの場合にも任意後見契約を続けることはできませんから、契約は終了となります。この他、任意後見人が破産手続開始決定を受けた場合や、任意後見人自身が後見開始の審判を受けた場合にも、任意後見契約は終了します。

任意後見契約が終了しても本人の支援を必要とする場合には、法定後見を利用するか、可能な場合には任意後見契約を新たに結び直すことになります。

書式　解除通知書（任意後見監督人選任前）

解除通知書

　貴殿を任意後見受任者、私を委任者（本人）とする平成〇年〇月〇日付任意後見契約公正証書（〇〇法務局所属公証人〇〇〇〇作成、平成〇年第〇〇〇号）による任意後見契約は、本日、解除しますので、この旨ご通知します。

平成〇年〇月〇日
東京都〇〇区〇〇町〇丁目〇番〇号
　〇〇〇〇　殿

　　　　　　　　　　東京都〇〇区〇〇町〇丁目〇番〇号
　　　　　　　　　　　　〇〇〇〇　　㊞

書式　解除通知書（任意後見監督人選任後）

解除通知書

　貴殿を任意後見受任者、私を委任者（本人）とする平成〇年〇月〇日付任意後見契約公正証書（〇〇法務局所属公証人〇〇〇〇作成、平成〇年第〇〇〇号）による任意後見契約は、平成〇年〇月〇日、〇〇家庭裁判所の許可を得たので、本通知書をもって解除します。
　なお、解除の許可の審判の謄本と確定証明書は、別便の書留郵便にて送付しましたので、ご査収下さい。
　以上、ご通知します。

平成〇年〇月〇日
東京都〇〇区〇〇町〇丁目〇番〇号
　〇〇〇〇　殿

　　　　　　　　　　東京都〇〇区〇〇町〇丁目〇番〇号
　　　　　　　　　　　　〇〇〇〇　　㊞

相談 任意後見人が病気になり後見事務を行えない場合にはどうすればよいか

Case 母が父の任意後見人となって後見事務をこなしていましたが、当初想定していた状況よりも父の状況が悪化してしまいました。このため、成年後見制度の利用に切り替えようかと母と相談していたところ、その母が病気になり最低3か月は入院しなければならなくなりました。どうすればよいでしょうか。

回答 あなたの場合、任意後見人であるお母さんが後見事務を行えない状況であることを任意後見監督人に伝える必要があります。連絡を受けた任意後見監督人は、状況を見て法定後見制度に切り替えた方がよいと判断した場合には法定後見開始の審判の申立てをします。その間も後見事務が滞らないように気を配り、場合によっては任意後見監督人自身が後見事務を行うことになります。

相談 任意後見監督人が破産者となったらどうなるのか

Case 父の任意後見人に弁護士がなり、兄が任意後見監督人になっていたのですが、その兄について破産手続開始の決定がなされたとの連絡が入りました。どうすればよいでしょうか。

回答 任意後見監督人が破産者となった場合、その地位を失いますから、あなたのお兄さんも任意後見監督人の地位を失うことになります。ただ、任意後見契約は任意後見監督人がいなければ終了してしまいます。したがって、家庭裁判所は、あなたのお兄さんの代わりに後任者の選任を行うはずです。

相談　任意後見監督人選任前の任意後見契約の解除

Case　私は叔母の任意後見人となる任意後見契約を叔母との間で締結していましたが、その後も叔母は元気に過ごしています。一方、私は昨年大病を患ってしまったため、任意後見契約の効力が生じたとしても、任意後見人としての職務を果たせそうにありません。叔母にも申し訳ないので任意後見契約を解除したいのですが、可能でしょうか。

回答　任意後見契約を締結していたとしても、あなたのように、契約の効力がまだ生じていないのであれば、当事者のどちらからでも解除することができます。ただ、解除を申し入れる時には公証人の認証を受けた解除通知書を相手に送らなければなりません。したがって、契約を解除する場合には、あらかじめ公証人の認証を受けるようにして、叔母さん宛に解除通知書を送るようにしてください。

相談　任意後見監督人選任後の任意後見人の解任

Case　兄は叔父との間で任意後見契約を締結していましたが、1年前に叔父に認知症の症状が現れたため、任意後見監督人選任の申立てを行い、叔父の任意後見が開始されました。兄は契約通りに叔父の任意後見人として後見事務を行っていたのですが、先日兄が交通事故に遭い、半身不随になりました。兄自身の判断能力も低下してしまっているようで、現在、私は兄について法定後見開始の申立てを検討しているところです。このような状況なので、兄は叔父の任意後見監督人を務められる状況ではありません。どうすればよいでしょうか。

回答　すでに任意後見監督人が選任され、任意後見が開始している場合、簡単には任意後見人をやめることはできませんが、あなたのお

兄さんの現状ではたしかに任意後見人を務めることはできないと思われます。したがって、あなたは家庭裁判所に任意後見人を解任するように請求するとよいでしょう。ただ、あなたのお兄さんを解任しただけでは、叔父さんの任意後見契約も終了しますから、後任者の候補がいる場合には家庭裁判所に後任者を選任してもらうとよいでしょう。

相談　任意後見人が本人の財産を自分のために使っている場合

Case　私の父は任意後見制度を利用しています。任意後見人には叔母がなっています。最近、この任意後見人である叔母が、父の財産を自分の遊興費に使っているようなのです。叔母の行為をやめさせたいのですが、どのような方法がありますか。

回答　任意後見人が自分の利益を図るために、本人に損害を与えているような場合には、任意後見監督人に報告します。任意後見監督人は、任意後見人を監督することが仕事なので、報告を受けると、任意後見人に指導を行い、不正を正します。任意後見監督人が処置をとらない場合は、家庭裁判所に、任意後見監督人に指導するよう請求することができます。任意後見人の不正がひどい場合には、任意後見監督人に任意後見人の解任請求を求めることができます。任意後見監督人が解任請求を行わないときは、検察官に解任請求を求めることになります。

あなたのようなケースの場合、早急に事実関係を任意後見監督人に報告する必要があります。任意後見監督人が動かない場合には、家庭裁判所にその任意後見監督人を指導するように求めるとよいでしょう。叔母の使い込みの状況がひどい場合には、任意後見監督人に叔母の解任請求を行うように促すとよいでしょう。

6 見守り契約について知っておこう

任意後見開始までの間、定期的に連絡をとる契約のこと

● 見守り契約とは

　任意後見制度が始まるまでの間、支援する人と本人が定期的に連絡をとる契約を一般に**見守り契約**といいます。

　任意後見制度を利用する場合、判断能力がある時に支援してくれる人との間で任意後見契約を交わしますが、実際に任意後見が開始するのは、本人の判断能力が衰えてからになります。場合によっては契約をしてから数十年顔を合わせないような状況もあり得ます。そのような状態で判断能力が不十分になったとしても、支援してもらえる人が任意後見人になれないような状況になっていたり、行方がわからなくなっている可能性があります。せっかく将来を見越して依頼する内容などを決めておいたのに、ムダになってしまった、ということを避けるには、定期的に本人と支援する人が連絡をとる見守り契約を結ぶことは、非常に有効です。見守り契約を結び、定期的に連絡をとっておくと、たとえば任意後見を開始する時期について相談でき、また、任意後見を開始させるタイミングを図ってもらえるといったメリットがあります。

　見守り契約は、任意後見契約を結ぶときに一緒に契約しておくとよいでしょう。

　見守り契約の書式や内容は、自由に決めることができますが、主に契約の目的や本人と支援する人の面談や連絡についての詳細、支援する人の義務などを記載します。

　任意後見契約の効力が生じるまでの期間に支援する人が本人のもとに赴くなど、見守り契約を結んで定期的に連絡をとることなども具体

的に記載します。このように、定期的な連絡をとることで本人の生活や健康状態を把握し、見守ることが見守り契約の目的です。

連絡の具体的な取り決めは、たとえば数か月に1回程度電話連絡を行ったり、3か月〜半年に一度の面談などといった具合に、定めておいた方がよいでしょう。本人の状況を見守れる程度の頻度を保ちながら、本人の負担にならないように配慮する必要があります。

また、支援する人はただ見守るだけではいけません。見守りながら本人との信頼関係を築きつつ、任意後見開始のタイミングを見極めなければならないのです。

なお、見守り契約の報酬は、年払いであることが多いようです。

◉ 見守り契約の作成ポイント

見守り契約で定める内容は、本人の必要に合わせて、柔軟に定めることができます。契約内容は、当事者の合意があれば、いつでも変更

■ 任意後見契約後も定期的な連絡をする

見守り契約を締結した場合

見守り契約を締結しなかった場合

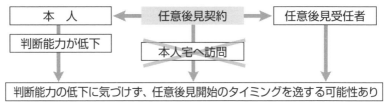

することができますから、本人の生活環境や心身の状態などが変化した場合には、その都度契約内容を見直すようにするとよいでしょう。

見守り契約で定める基本的な事項としては、①目的、②連絡・面談、③見守り義務、④報酬などが挙げられます。

目的では、任意後見契約の効力が生じるまでの間、本人と支援者が定期的に連絡をとり、面談を行うことによって、本人と支援者の間の意思疎通を確保することを記載します。また、支援者が本人の生活状況や心身の状態を把握して、その暮らしを見守ることも記載します。

連絡・面談では、その具体的な頻度や方法などを定めます。本人・支援者のどちらから連絡を入れるか、面談場所はどこにするか、など、当事者双方にとって負担が重くならない方法を選択しましょう。見守り体制に不備が生じないよう、確実に連絡・面談が実施される環境を整備することも重要です。

■ 見守り契約の活用

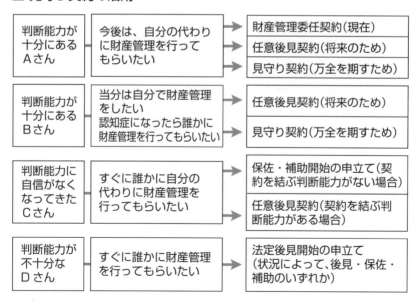

書式　見守り契約書

見守り契約書

　委任者伊藤豊（以下「甲」という）と受任者伊藤徹（以下「乙」という）とは、平成○○年第○○号公正証書によって締結した任意後見契約（以下「本任意後見契約」という）について、次のとおり見守り契約（以下「本契約」という）を締結した。

第1条（目　的）　本契約は、本任意後見契約の効力が生じるまでの間、定期的な連絡・面談等が実施されることによって、甲乙間の意思疎通を確保するとともに、乙が甲の生活状況及び心身の状態を把握しつつ、甲が地域社会において安心して暮らせるように見守ることを目的とする。

第2条（契約期間）　本契約の契約期間は、契約締結の日から1年間とする。

2　契約期間満了の30日前までに、甲又は乙が相手方に対し何らの意思表示もしないときは、本契約は同一条件でさらに1年間更新されるものとし、以後も同様とする。

第3条（連絡・面談等）　本契約期間中、乙は甲に対し、定期的に連絡し、また面談等を行うことにより、甲の生活状況及び心身の状態の把握に努めるものとする。

2　前項の連絡は、乙が甲に対し、毎月1回以上、架電することにより行うものとする。

3　第1項の面談は、3か月に1回以上、乙が甲の住居を訪問することによって行うものとする。なお、具体的な面談日・時間等は、甲と乙が協議してその都度適宜定める。

4　乙は、前項に定める面談日以外の日であっても、乙が必要と認めた場合又は甲の要請があった場合には、随時面談を行う。

5 本条に定める面談及び訪問は、次条に定める事務を行うことを目的としたものである。甲は、当該面談及び訪問が、身辺の世話や買い物の手伝い等のためのものでないことを承知する。

第4条（見守りの内容）　乙は、甲との連絡・面談等を通じて甲の様子の変化を見守り、甲の事理弁識能力の状態について、常に配慮しなければならない。乙は、甲の事理弁識能力が不十分な状態であり、後見事務を行うことが相当であると判断した場合には、速やかに家庭裁判所に対して本任意後見契約に基づく任意後見監督人選任の申立てをしなければならない。

2　乙は、甲の身上面について十分配慮しなけれならない。乙は、甲の健康状態等を維持・向上するため、医療サービス、介護・福祉サービス等を受ける必要があると認めた場合には、適宜関係機関に対応措置の要請を行うものとする。

3　前項の場合、乙は、関係機関に対し、対応措置に必要と認める範囲で甲の個人情報を含む一切の情報を提供することができるものとする。

第5条（報　酬）　甲は乙に対し、本契約に対する報酬として、月額○○円を支払うものとする。ただし、支払いは年に一度行うものとし、毎年契約月に前月分までの報酬を合算した額を乙に手渡しすることで行うものとする。

第6条（費用負担）　本契約の締結及び実施に要する費用は、甲が負担する。

第7条（秘密保持）　乙は、第4条第2項の場合を除き、甲の承諾を得ないで本契約を通じて知り得た甲の個人情報及び秘密等を開示又は遺漏してはならない。

第8条（解約）　甲又は乙は、30日の予告期間をもって、本契約を解除することができる。

第9条（契約の終了）　本契約は、次の事由により終了する。

(1) 甲又は乙が死亡したとき
(2) 甲又は乙が破産手続開始の決定を受けたとき
(3) 甲が後見開始・保佐開始・補助開始の審判を受けたとき
(4) 乙が後見開始の審判を受けたとき
(5) 本任意後見契約が解除されたとき
(6) 本任意後見契約に基づく任意後見監督人選任の審判が確定したとき

　以上の契約の成立を証するため、本契約書2通を作成し、甲乙各自署名の上、甲乙各自1通を所持する。

平成○○年○月○日

　　　　　（甲）住　所　東京都○○区△△×丁目×番×号
　　　　　　　　氏　名　伊藤　豊　　㊞

　　　　　（乙）住　所　東京都○○区□□×丁目×番×号
　　　　　　　　氏　名　伊藤　徹　　㊞

7 財産管理委任契約について知っておこう

財産の管理を頼みたい場合に結ぶ契約のこと

● 任意代理契約とは

　判断能力が衰える前から、財産管理などを信頼できる人にまかせたい場合には、自分にかわって財産を管理してもらうように財産管理委任契約を結びます。まかせる人に代理権を与えることから、**任意代理契約**と呼ばれることもあります。代理権には、法定後見のように法律によって生じる法定代理がありますが、このような委任契約などによって生じる任意代理もあります。任意代理契約では、財産管理の他に身上監護の事務をまかせる契約を結ぶことができます。任意代理契約も、任意後見契約と同時に結ぶことができます。

　任意後見契約は、判断能力があるときに契約を結んでおいて、実際に判断能力が低下したときに開始するものですから、本人の判断能力があるうちは、利用することができません。

　一方、任意代理契約は、任意後見が開始するまでの期間も本人を支援してもらうために結ぶことができる契約です。このような違いの他に、任意後見と任意代理では以下の点で異なります。

　任意後見契約の場合、公正証書を作成しなければなりませんが、任意代理契約の契約書は、公正証書である必要はありません。また、任意後見の場合には、支援する人を監督する任意後見監督人が必ずつきますが、任意代理契約の場合には別に定めなければつきません。

　また、本人の判断能力については、不十分になった場合に開始する任意後見と比べて、任意代理契約の場合には不十分でない場合にも効果を生じさせることができます。なお、任意代理契約も任意後見契約も、契約を結ぶ時点では本人の判断能力が必要になります。

また、任意後見の対象となる人は、判断能力が不十分な人に限られるため、知的障害者は利用できますが、身体障害者は利用することができません。一方、任意代理契約を結ぶには判断能力が必要ですから、身体障害者は契約できますが、知的障害者は契約できません。

　このように、判断能力が低下して初めて開始する成年後見制度に先立って、判断能力が低下する前から自分の財産管理を支援する人にまかせたい場合や、身体に障害があり、財産管理を誰かに代理して行ってもらいたい場合には、任意代理契約を結ぶとよいでしょう。

● 公正証書で作成するのが安全

　財産管理を頼む相手が決まったら、受任者に依頼する項目や付与する権限を定める財産管理委任契約を締結することになります。契約書は当事者間で自由に作成することもできますが、法律の専門家である公証人に作成してもらうことで後々のトラブルを防ぐことが可能になります。公正証書の作成手続は、以下の流れで行うことになります。

① 　受任者に依頼する内容を決定する

　公証役場には、財産管理委任契約書のひな型がおいてあります。このひな型を参考にして、権限を与えすぎるような項目を削除・修正し、足りない項目を加えます。このように、必要なものか不要なものかを取捨選択した上で、自分の状況にあった契約内容を決定します。

② 　本人を確認できる資料が必要

　運転免許証、パスポート、顔写真付きの住民基本台帳カードのいずれかと認印、または交付後3か月以内の印鑑証明書と実印が必要です。

③ 　公証人に相談する

　事前に電話で連絡した上で、公正証書による契約書作成日を予約しておくとよいでしょう。依頼を受けた公証人が作成した契約書の原案を確認し、修正があれば修正を依頼します。確認を終えたら、当事者が公証役場に出向き、公証人が公正証書による契約書を作成します。

書式　財産管理委任契約書

財産管理等委任契約書

第1条（契約の目的）
　委任者（以下「甲」という）は受任者（以下「乙」という）に対して、甲の財産の管理に関する事務を委任し、乙はこれを受任する。

第2条（委任事務の範囲）
　甲は、乙に対して以下に記載する事務（以下、本件委任事務という）を委任し、その事務処理のために代理権を付与する。
① 甲の全財産の管理、保存
② 金融機関との間で行われる預貯金の管理、口座の変更・解約
③ 甲の経営する不動産事業につき、定期的な収入（家賃、その他の給付等）の受領
④ 市区町村をはじめとする行政官庁への手続きの一切

第3条（委任事務についての報告）
1　乙は、本件委任事務を処理するにあたり、事務処理日誌、財産目録その他必要な書類を作成することとする。
2　乙は、甲に対して1か月ごとに本件委任事務の処理の状況につき、前項記載の書類を提出することとする。
3　甲は、乙に対して、いつでも本件委任事務処理の状況につき、報告を要求することができる。

第4条（費用の負担）
　本件委任事務の処理の際に必要となる費用については、甲が負担するものとする。

第5条（報酬）
　甲は、乙に対して、本件委任事務処理の対価として月額3万円を支払うものとする。

第6条（契約の解除）
　甲及び乙は、いつでも本件委任契約を解除することができる。

第7条（契約の終了）
　本件委任契約は、甲又は乙に以下の事項が生じた時に終了する。
① 甲又は乙が死亡し、又は破産手続開始の決定を受けた時
② 乙が成年後見開始の審判を受けた時

相談 任意後見制度を利用せずに財産の管理をしてもらいたいが方法はあるのか

Case 私にはいくばくかの資産があります。今は元気ですが、高齢ということもあり、買い物などの計算ができなくなっています。そのため、財産を管理してくれる人を探しています。私自身は任意後見制度を利用したいと思っているのですが、任意後見制度は手続きが面倒だという話を聞きました。他にどのような制度があるのでしょうか。

回答 任意後見契約は判断能力が衰えた後でないと利用できないので、あなたの場合、財産管理委任契約を利用するとよいでしょう。

ただ、公正証書が要求されない財産管理委任契約は、契約の有無自体でもめるようなことがあります。また、支援する人が本人を代理して法律行為を行おうと思っても、登記されていなければ、相手に対してその正当性を主張しにくいこともあります。このように、財産管理委任契約は比較的簡単にでき、一見メリットのように思えますが、社会的信用という点では、十分とはいえない場合が出てきます。また、財産管理委任契約の場合、任意後見制度における任意後見監督人のような公的に監督してくれる人はいません。まかせた人がきちんと仕事をしているかをチェックしてもらえる公的な監督者がいる任意後見制度と比べて、委任した内容やその内容の実行についてチェックすることが難しいといえます。

なお、財産管理委任契約は、代理権を与える契約ですから、法定後見制度のような取消権を与えることもできません。

そのため、財産管理を委任する受任者の人選は慎重に行うようにしましょう。また、財産管理委任契約書は極力公正証書で作成するとよいでしょう。

相談 判断能力はあるが成年後見制度を利用したいのだが可能か

Case 私は、判断能力はしっかりしているのですが、交通事故の後遺症で歩くことができません。そのため、買い物や年金の受取りなどができず困っています。成年後見制度を利用して、財産管理を代理してもらいたいのですが、利用することができるでしょうか。

回答 成年後見制度は、判断能力が低下した人だけを対象にしています。身体上の障害だけがある場合には、この制度は利用できませんが、自分の判断で法律行為ができるので、委任契約で誰かに財産管理をまかせることはできます。たとえば、金融機関との取引、生活費や医療費の支払い、権利書・通帳・印鑑登録カードの保管など、財産管理全般以外にも信頼のできる人との間に財産管理をまかせる委任契約を結ぶことになります。

現在のあなたの場合、成年後見制度を利用することができません。ただ、買い物や年金の受取りについては代わりにそうした行為を行ってくれる人を選んで、契約を結ぶことはできます。財産管理全般を任せるような場合には、財産管理委任契約を結ぶこともできます。将来、判断能力が低下したときの備えとして、任意後見契約もあわせて結んでおくと、さらに安心です。

相談 老後と死後の財産管理や事務処理について誰かに頼みたい

Case 私には親戚がいません。老後が不安だったので、司法書士との間で任意後見契約を締結しました。その際、見守り契約と財産管理委任契約も結んだので、これから老後まで財産管理については一切心配する必要がなくなり安心していました。しかし、私が死んでしまった場合、財産については遺言を作成してあるので安心ですが、葬儀の

手配など、その後の事務処理を行ってくれる人については全く考慮していなかったことに気づきました。こうしたことについても決めておきたいのですが、どうすればよいのでしょうか。

回答 任意後見人は相続人に財産が引き継がれるまで本人の財産の管理を行い、相続人がいない場合には相続財産管理人の選任の申立てを行いますが、本人の死後の事務を行うことはできません。

最近になって、こうした隙間をフォローするために、死後の事務委任契約が結ばれるようになってきました。死後の事務委任契約が任意後見人との間で結ばれている場合には、本人の死後も財産管理から事務処理にいたるまで、任意後見人が全面的に本人の支援を行うことになるため、結果的にはスムーズな対応が期待でき、依頼する側も安心できます。このように、死後の事務委任契約を締結するメリットは、任意後見制度では支援を得ることができない死後の事務を依頼できる点にあります。また、死後の事務委任契約は、任意後見契約以外の委任契約と一緒に結ばれることが多くあります。

たとえば、財産管理委任契約とともに死後の事務委任契約を結ぶケースです。実際、死後の事務委任契約だけを結ぶケースよりは、他の制度とともに利用するケースが増えています。

任意後見制度を利用している場合には、別の契約として死後の事務委任契約を結ぶことが多いようですが、事務処理上の不都合などがなければ任意後見契約や財産管理委任契約を結ぶ際に、同じ人と事務委任契約を結ぶのがよいでしょう。

相談 複数の人や専門家に財産管理を依頼する時に注意すべきことは何か

Case 妻を亡くしてから、持病のために通院したり財産を管理する

のを一人で行ってきましたが、手助けがほしいと考えています。一人娘にすべてを任せるのは負担が大きそうなので、複数の専門家に依頼しようと思いますが、どのような点に注意したらよいでしょうか。

回答 複数の成年後見人等が、それぞれの専門分野を担当した方が、本人のためにもよい場合があります（49～50ページ）。

　介護や医療などの手続きについては法律に明るい専門家よりも社会福祉士など福祉関係の専門家の方が向いているでしょうし、法律的な知識を必要とする契約などに関しては法律関係の専門家、税金や財産に関しては税理士などに依頼すると安心です。信頼できる子がいる場合は、その子を受任者とすることもできます。身内１人、専門家２人を受任者とする、といった方法もとることができます。複数の人を受任者とする場合には、任せる内容を別々に設定することもできますし、全員と契約して実際に管理や手続きを行ってもらう際に、具体的に誰が担当するかを決める、といった方法をとることもできます。

　なお、受任者が権利を濫用しないように、「受任者に権限を与えすぎない」ことが大事です。特に、財産管理を委任する場合には、預貯金の解約、所有している不動産の性質を変える行為（土地を農地から宅地に変えるなど）、不動産の売却といった、財産の処分までは権限に含めないようにすべきでしょう。

　また、財産管理委任契約で作成した委任状や印鑑などの重要なものを受任者に預けたままにすることも避けるべきでしょう。どうしてもお金が必要となった受任者が、本人の財産に手を出してしまわないとも限らないのです。こうしたことを防ぐために、ⓐ印鑑や委任状を受任者に預けたままにしない、ⓑ領収書やレシートの保管を義務付けさせる、ⓒ金融機関からの引出し額に限度を設けるなど、受任者の権限を限定しておく、ⓓ契約書の紛失・改ざんを防ぐために公正証書で契約書を作成する、といった防衛策を施しておくのがよいでしょう。

Column

遺言はどのタイミングで作成するのがよいのか

　財産管理について検討すべき成年後見制度や委任契約は、言わば本人が生きている間に利用することを想定しています。一方、自分の死後に起こりうる問題をあらかじめ想定しておき、どのように対応してもらうかを示しておくのが遺言です。将来の不安に対して元気なうちに備えておこうと考えたとき、自分の死後についても同じような不安は起こります。こうした死後の不安に備えるには、死後の事務についてあらかじめ依頼しておく死後の事務委任契約や、財産や相続人などについて道筋をつけておく遺言制度を利用することが考えられます。

　遺言というと「今までありがとう」「兄弟仲良く」など、感謝の言葉を想像してしまうかもしれませんが、法律上は財産や相続人に関する記載が重要です。遺言の内容で法的に有効とされるものには、遺贈や相続人の指定や廃除、相続分の指定、遺産分割の方法や分割禁止期間の指定などがあります。また、遺言での認知も認められています。ただし、遺言は、本人に判断能力がなければすることができません。法定後見制度を利用する段階になると遺言することができない場合がほとんどですから、任意後見制度の利用を考えたときに一緒に考えておくとよいでしょう。

　遺言書を作成する場合には、一般的に、自筆証書遺言か公正証書遺言によることになります。

　自筆証書遺言には作成や書き直しが比較的容易にでき、費用がそれほどかからないというメリットがある反面、作成方法に不備があると後で無効とされてしまうというデメリットがあります。また、遺言書の開封する際には検認といって家庭裁判所が遺言の存在と内容を認定するための手続きを経なければなりません。一方、公正証書遺言は公証人が作成・保管してくれますし、検認手続きも不要ですが、手間や費用がかかる上に証人も必要です。

第5章

成年後見登記制度の
しくみ

1 成年後見登記制度について知っておこう

本人のプライバシー保護を配慮した制度である

● 成年後見登記制度とは

　法定後見制度や任意後見制度を利用している場合に、その後見がどのような内容であるかを公示する制度を**成年後見登記制度**といいます。

　成年後見制度を利用すると、成年後見人等に認められている権限の範囲や任意後見契約の内容などが、法務局で登記されます。成年後見登記の実務は法務局の登記官によって行われ、登記の内容はコンピュータシステムによって管理されます。

　登記された内容は、請求に応じて発行される登記事項証明書に記載されます。登記事項証明書は、登記の内容を記し、その内容がたしかに存在していることを証明する公的な証明書です。登記事項証明書の発行は、請求を受けた法務局の登記官が行います。登記事項証明書があれば、たとえば成年被後見人と第三者との間で行われる契約の締結に際して、成年後見人が本人を代理して契約する権限を持っていることを、取引の相手方に対して証明することができます。

　このように、成年後見制度を利用していることを公示することで、成年後見人等の信頼性が高まり、契約などもスムーズに行われるようになります。

　ただ、公示するとは言っても、誰でもその登記内容を見ることができるのでは、本人のプライバシーを守ることができません。その結果、成年後見制度を利用しない人が増えてしまうかもしれません。

　こうしたことを避けるため、成年後見登記制度は、成年後見制度の利用状況の公示と本人のプライバシーの保護を両立するように配慮されています。

● 法定後見と登記

　法定後見制度では、後見・保佐・補助を利用するときに、申立権者が家庭裁判所に開始の申立てを行います。申立てを受けた家庭裁判所による審理等を経て開始の審判が確定すると、その内容は法務局で登記されます。

　審判の確定から登記までの具体的な手続きの流れとしては、まず家庭裁判所の書記官から法務局に対して、審判の内容を通知します。通知を受けた法務局の登記官は、その内容を定まった方式に従って後見登記等ファイルに記録します。これを登記といい、登記官が行うこのような作業を登記事務といいます。

　保佐人の権限に代理権を加える代理権付与の審判や、保佐人の同意権の範囲を増やす審判を行った場合には、その審判の内容も同様の手続きで登記されます。補助の場合には、補助開始の審判の後に、同意権付与の審判か代理権付与の審判、あるいはその両方を行いますから、この審判の内容も同様の手続きで登記されることになります。

　なお、法定後見の内容に変更が生じた場合には、家庭裁判所が法務局に通知するわけではありません。本人の氏名・住所・本籍や、成年後見人等・成年後見監督人等の氏名や住所などに変更が生じた場合、本人や関係者等がその変更内容を法務局に申請しなければなりません。これを**変更の登記申請**といいます。実際に申請できる人には、本人、成年後見人・保佐人・補助人（成年後見人等）、成年後見監督人・保佐監督人・補助監督人（成年後見監督人等）の他に、利害関係人となる本人の親族も含まれます。

　また、本人が死亡した場合にも、法務局に対して、終了の登記の申請をしなければなりません。この申請は、成年後見人等や成年後見監督人等が行う必要があります。この他、本人の親族などの利害関係人も申請することができます。終了の登記がなされると、登記の記録は、閉鎖登記ファイルに記録されます。

● 任意後見と登記

　任意後見制度の場合、任意後見契約が公証人による公正証書で作成されます。公正証書が作成されたときに、その内容を公証人が法務局に通知します。通知を受けた法務局の登記官は、その内容を、定まった方式に従って後見登記等ファイルに記録します。

　その後、実際に任意後見監督人選任の申立てがなされ、家庭裁判所によって任意後見監督人が選任されると、家庭裁判所の書記官は法務局に対してその内容を通知します。通知を受けた法務局では、登記官が後見登記等ファイルにその内容を記録します。

　なお、本人の氏名・住所・本籍や、任意後見人・任意後見監督人の氏名や住所などに変更が生じた場合、法定後見と同様、本人や関係者等がその変更内容を法務局に申請しなければなりません。

　また、本人や任意後見人が死亡したり破産した場合、法務局に対して、終了の登記の申請をしなければなりません。この他、任意後見契約が解除された場合や任意後見人が解任された場合、本人や任意後見人について法定後見が開始された場合にも、任意後見の終了の登記を行う必要があります。

　この申請は、原則として、当事者やその事実を知った関係者が行う必要があります。具体的には、本人や任意後見人、任意後見監督人が行いますが、本人の親族などの利害関係人も申請することができます。

　なお、任意後見人が解任された場合には、家庭裁判所の嘱託によって登記がなされます。法定後見の場合と同様、終了の登記がなされると登記の記録は閉鎖登記ファイルに記録されます。

● 禁治産制度からの移行

　成年後見制度は、後見人等が仕事をしやすいように、また契約の相手方が安心して契約できるように登記制度をとり入れています。一方、本人のプライバシーを守ることで、本人も安心して制度を利用するこ

とができるように配慮しています。成年後見制度では、禁治産宣告・準禁治産宣告という手続きをやめ、成年後見等の開始という手続きに変えました。また、公示方法も、戸籍には一切記載せずに、別途、法務局で登記することになりました。

　成年後見制度の前に利用されていた禁治産・準禁治産制度で、禁治産・準禁治産の宣告を受けていた人は、成年後見制度下では、それぞれ成年被後見人・被保佐人とみなされます。

　旧制度下で認められた宣告内容や後見人等の権限は、特に手続きなどをしなくても有効ですが、そのまま何もせずにいると、宣告を受けている記載も戸籍に記載されたままで、成年後見の登記はなされません。

　したがって、成年後見人が自分の権限を契約の相手方に証明するためには、登記事項証明書ではなく、本人の戸籍謄本を使用します。

　戸籍への記載をはずし、成年後見登記制度を利用するには、移行の登記を申請する必要があります。移行の登記を行うことで、戸籍に記載されている事柄を後見登記等ファイルに移すことができます。

　移行の登記の申請を受けた法務局では、登記官が移行の登記を行い、本人の本籍地の市区町村にその旨を通知します。この通知を受けた本籍の市区町村では禁治産・準禁治産の記載がなされていない新しい戸籍を作ります。これを**戸籍の再製**といいます。

　移行の登記を申請できる人は、本人とその配偶者、本人の四親等内の親族、成年後見人・保佐人とみなされる人（本人の支援者）です。

　なお、準禁治産には、心神耗弱以外を原因とする宣告がありましたが、成年後見制度では、判断能力が不十分な人だけが対象となっています。したがって、心神耗弱以外の原因で宣告を受けた人は、移行の登記の対象とはなりません。

相談 成年後見制度の利用者の住所が変わった場合にはどのような手続きが必要なのか

Case 成年後見制度を利用している母の介護のため、自宅を売り、別の町にバリアフリーの家を建て、引っ越しました。何か手続きは必要でしょうか。

回答 後見・保佐・補助を利用する場合、申立権者が家庭裁判所に開始の申立てを行います。申立てを受けた家庭裁判所による審理などを経て開始の審判が確定すると、その内容は法務局で登記されます。

登記は、その法定後見がどのような内容であるかを公示する制度です。常に最新の情報を記録しておく必要があります。そのため、本人の氏名・住所・本籍や、成年後見人等・成年後見監督人等の氏名や住所などに変更が生じた場合には、登記の変更をしなければなりません。

ただ、変更が生じても、家庭裁判所などが法務局に通知してくれるわけではありませんから、本人や関係者らがその変更内容を法務局に申請しなければなりません。これを変更の登記申請といいます。

あなたのお母さんの住所については、変更の登記申請をしなければなりません。また、あなた自身が成年後見人や成年後見監督人などになっている場合には、あなたの住所についても同様に変更の登記申請をしてください。

相談 成年後見監督人の名字と住所が変わったが登記はどうすればよいか

Case 私は叔父の成年後見監督人になっていたのですがこのたび再婚し、名字と住所が変わりました。ただ、叔父の成年後見監督人を続けられないほど遠いところに引っ越したわけではないので、このまま

後見事務を行いたいと思っています。何か手続きは必要でしょうか。

回答 成年後見監督人の氏名や住所が変わった場合には、その内容を登記に反映させる必要があります。あなたの場合、叔父さんの成年後見監督人であるということですから、氏名と住所の変更について、法務局に変更の登記申請するようにしてください。その際、戸籍謄本や戸籍抄本、住民票の写しなどが必要になりますから、事前に法務局に確認しておくとよいでしょう。

相談 任意後見契約を結んだだけで登記に記載されてしまうのか

Case 先日、信頼できる司法書士との間で任意後見契約を締結しました。公証役場で契約書も作成したのですが、「住所などの変更があったらすぐに知らせるように」と言われました。理由を尋ねたところ、「登記の内容を変更しなければならないからだ」と教えられ、驚いています。任意後見契約を結んだだけで、そのことが登記されてしまうのでしょうか。これによって不利益などはないのでしょうか。

回答 たしかに、任意後見契約を締結するとその内容については法務局に通知され、後見登記等ファイルに記録されます。ただ、成年後見制度の登記は、通常の人が簡単に見られるものではありません。実際に任意後見監督人が選任されて任意後見が開始した場合に、記載されている人や本人の親族などの限られた人が、必要に応じて登記事項証明書を請求することができるだけですから、不利益はないでしょう。

2 登記する内容と申請書の書き方について知っておこう

登記は嘱託される場合と申請による場合がある

● 法定後見の登記内容

　成年後見制度は、旧制度と異なり、本人のプライバシーを保護しながら、取引の安全を図る制度であると述べてきました。ここでは、具体的にはどのような内容が登記されるのかを説明します。

　法定後見の場合に登記される内容は、次のようなものです。

① 法定後見の類型（後見・保佐・補助のいずれかを明記）
② 開始の審判の確定日と審判を行った裁判所
③ 本人の氏名・生年月日・住所・本籍（外国人の場合は国籍）
④ 成年後見人・保佐人・補助人、成年後見監督人・補佐監督人・補助監督人の氏名・住所（法人の場合には法人の名称や商号、主たる事務所や本店）
⑤ 重要な法律行為以外に保佐人に認められた同意権の範囲・代理権の範囲（あてはまる場合のみ）
⑥ 補助人の同意権・代理権の範囲
⑦ 成年後見人、成年後見監督人が複数選任された場合の権限のありかた（共同で行使するか、分けて行使するかなど）についての家庭裁判所の決定内容
⑧ 後見・保佐・補助が終了した年月日と終了の理由

● 任意後見の登記内容

　任意後見の場合、任意後見契約を結んだときと、実際に任意後見監督人が選任された場合に登記されますが、この他にも変更があった場合には登記が必要です。

任意後見の具体的な登記内容は次の通りです。
① 任意後見契約の締結に関して、公正証書を作成した公証人の氏名・所属、作成年月日
② 本人の氏名・生年月日・住所・本籍（外国人の場合には国籍）
③ 任意後見人、任意後見監督人の氏名・住所（法人の場合には法人の名称や商号、主たる事務所や本店）
④ 任意後見人に認められている代理権の範囲
⑤ 任意後見契約で複数の任意後見人が選任された場合における、代理権のあり方（共同して行使するかどうか）
⑥ 複数の任意後見監督人が選任された場合における各任意後見監督人の権限（共同で行使するか、分けて行使するか）についての家庭裁判所の決定内容
⑦ 任意後見契約が終了した年月日と終了した理由

● 当事者などによる申請

　法定後見の開始時や任意後見契約締結時など、裁判所や公証人が嘱託で行う場合と異なり、変更の登記や終了の登記、移行の登記などは、原則として当事者や関係者が申請する必要があります。

　登記については、所定の申請書に必要事項を記入し、必要書類を添付し、手数料が必要な場合には手数料に相当する金額分の印紙を貼付の上、東京法務局（東京法務局民事行政部後見登録課）に持参か郵送します。直接窓口に持参する場合の受付時間は、祝日を除く月～金曜日の8時30分～17時15分です。詳細は東京法務局の民事行政部後見登録課（電話：03-5213-1360）に問い合わせるとよいでしょう。

　申請書は、東京法務局や最寄の法務局の他、法務省や東京法務局のホームページからダウンロードすることもできます。

　（URLは http://houmukyoku.moj.go.jp/tokyo/static/i_seinen.html）
　申請書を郵送する場合、以下の住所と宛先に書留郵便で送ります。

> 〒102-8226 千代田区九段南1‐1‐15九段第2合同庁舎4階
> 東京法務局民事行政部後見登録課

　なお、申請方法については、窓口への持参・郵送の他、登記・供託オンラインシステムを利用したオンラインによる申請もできます。
　・登記・供託オンライン申請システム
　　http://www.touki-kyoutaku-online.moj.go.jp/index.html

● 変更・終了の登記の申請方法

　変更の登記の場合は、変更の登記申請書に必要事項を記入して申請します。申請書に書かれている変更する人と内容（登記の事由のア、イの欄）の選択肢の中から、あてはまる項目を選択し、必要事項を記入し、変更を証明する書類等を添付します。

　登記の事由ア「変更の対象者」には、「成年被後見人」「被保佐人」「被補助人」「任意後見契約の本人」「成年後見人」「保佐人」「補助人」「任意後見受任者・任意後見人」「成年後見監督人」「保佐監督人」「補助監督人」「任意後見監督人」「その他」など、変更の対象となる人が挙げられています。また、登記の事由イ「変更事項」には、「氏名の変更」「住所の変更」「本籍の変更」「その他」といった具合に、変更する内容が書かれています。たとえば、本人の苗字が変わった場合には、「成年被後見人」の「氏名の変更」を選択します。

　添付書類には、たとえば、戸籍謄本や戸籍抄本、外国人登録原票記載事項証明書、住民票の写しなどの登記の内容を証明する書類の他、申請人が法人の場合には法人の代表者の資格を証明する書面、代理人が申請する場合には委任状などが、添付書類として必要です。

　終了の登記の場合には、終了の登記申請書に必要事項を記入し、申請します。申請書の終了の事由（終了の理由となる事柄のこと）の欄

■ 成年後見制度と登記のしくみ

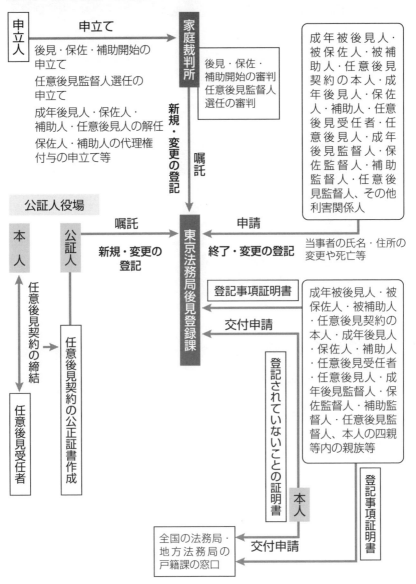

には、「成年被後見人の死亡」「被保佐人の死亡」「被補助人の死亡」「任意後見契約の本人の死亡」「任意後見受任者の死亡」「任意後見人の死亡」「任意後見契約の解除」「その他」の項目があります。

　この中からあてはまる内容を選択し、必要事項を記入した上で、終了する事由を証明する書類等を添付します。

　終了する事由を証明する書類としては、たとえば任意後見契約の解除が理由で終了の登記を申請する場合には、合意解除の意思表示を記載した書面や解除の意思表示を記載した書面の配達証明付内容証明郵便の謄本などを添付します。任意後見監督人選任後の解除の場合には、家庭裁判所の許可審判書、審判の確定証明書などが必要になります。

● 移行の登記の場合

　移行の登記の場合は、移行の登記申請書に必要事項を記入して申請します。書面には、成年被後見人・被保佐人とみなされる人（本人）の氏名・生年月日・住所・本籍など定められた事柄を記入し、申請人か代理人が記名押印をします。この書面に、収入印紙を貼付し、東京法務局に郵送あるいは直接提出します。郵送の場合には、書留郵便にします。

　ただ、平成12年に成年後見制度が施行されて10年以上経過した現在では、おおむね移行の登記が完了しており、今後、移行の登記が行われる機会はそれほど多くはないといえるでしょう。

書式　変更の登記申請書

登記申請書（変更の登記）

東京法務局　御中
平成○年○月○日申請

1 申請人等

ア 申請される方 （申請人）	住　所	東京都板橋区○○町○丁目○番○号
	氏　名	山田　一郎　㊞
	資　格（本人との関係）	成年後見人　　連絡先（電話番号）　03-XXXX-XXXX

（注）申請人が法人の場合は、「名称又は商号」「主たる事務所又は本店」を記載し、代表者が記名押印してください。

イ 上記の代理人 （上記の申請人から 委任を受けた方）	住　所	
	氏　名	㊞
	連絡先（電話番号）	

（注1）代理人が申請する場合は、アの欄とともにイの欄にも記入してください（この場合アの欄の押印は不要です。）。
（注2）代理人が法人の場合は、「名称又は商号」「主たる事務所又は本店」を記載し、代表者が記名押印してください。

2 登記の事由

ア 変更の対象者	☑成年被後見人、□被保佐人、□被補助人、□任意後見契約の本人、□成年後見人、 □保佐人、□補助人、□任意後見受任者・任意後見人、□成年後見監督人、□保佐監 督人、□補助監督人、□任意後見監督人、□その他（　　　　　　　　　　） （　　山田　太郎　　）の
イ 変更事項	□氏名の変更、☑住所の変更、□本籍の変更、□その他（　　　　　　　　　）

（記入方法）上記のそれぞれの該当事項の□に☑のようにチェックしてください。（例：「☑成年後見人　の　☑住所の変更」）

3 登記すべき事由

変更の年月日	平成　○　年　○　月　○　日
変更後の登記事項	東京都世田谷区○○×丁目×番×号

（記入方法）変更の年月日欄には住所移転日等を記入し、変更の事項欄には新しい住所又は本籍等を記入してください。

4 登記記録を特定するための事項

（本人（成年被後見人、被保佐人、被補助人、任意後見契約の本人）の氏名は必ず記入してください。）

フリガナ	ヤマダ　タロウ
本人の氏名	山田　太郎

（登記番号が分かっている場合は、本欄に登記番号を記入してください。）

登記番号	第　　　-　　　号

（登記番号が分からない場合は、以下の欄に本人の生年月日・住所又は本籍を記入してください。）

本人の生年月日	明治・大正・㊐和・平成／西暦　11　年　8　月　20　日生
本人の住所 又は本人の本籍 （国籍）	東京都台東区△△×丁目×番×号（旧住所）

5 添付書類

該当書類の□に
☑のようにチェック
してください。

①□法人の代表者の資格を証する書面（※申請人又は代理人が法人であるときに必要）
②□委任状、□その他（　　　　　　　　）（※代理人が申請するときに必要）
③☑登記の事由を証する書面（☑住民票の写し（欄外注参照）　□戸籍の謄本又は抄本）
　□その他（　　　　　　　　）
④□上記添付書類は、本件と同時に申請した他の変更の登記申請書に添付した。

（注）住所変更の場合、法務局において住民基本台帳ネットワークを利用して住所変更の事実を確認することができるときは、住民票の写しの添付を省略することができます。法務局において住所変更の事実を確認することができないときは、住民票の写し等の送付をお願いすることがあります。

※登記手数料は不要です。

書式　終了の登記申請書

登記申請書（終了の登記）

東京法務局　御中
平成○年○月○日申請

1　申請人等

ア　申請される方 （申請人）	住　所	東京都板橋区○○町○丁目○番○号
	氏　名	山田　一郎　㊞
	資格(本人との関係)	成年後見人　連絡先(電話番号)　03-XXXX-XXXX

（注）申請人が法人の場合は、「名称又は商号」「主たる事務所又は本店」を記載し、代表者が記名押印してください。

イ　上記の代理人 （上記の申請人から委任を受けた方）	住　所	
	氏　名	㊞
	連絡先（電話番号）	

（注1）代理人が申請する場合は、アの欄とともにイの欄にも記入してください（この場合アの欄の押印は不要です。）。
（注2）代理人が法人の場合は、「名称又は商号」「主たる事務所又は本店」を記載し、代表者が記名押印してください。

2　登記の事由

ア　終了の事由	☑成年被後見人の死亡、□被保佐人の死亡、□被補助人の死亡、□任意後見契約の本人の死亡、□任意後見受任者の死亡、□任意後見人の死亡、□任意後見契約の解除、□その他（　　　　　　　）

（記入方法）上記の該当事項の□に☑のようにチェックしてください。

イ　終了の年月日	平成　○　年　○　月　○　日

（注）○死亡の場合は、その死亡日　○任意後見契約の合意解除の場合は、合意解除の意思表示を記載した書面になされた公証人の認証の年月日等　○任意後見契約の一方的解除の場合は、解除の意思表示を記載した書面が相手方に到達した年月日等

3　登記記録を特定するための事項

（本人（成年被後見人、被保佐人、被補助人、任意後見契約の本人）の氏名は必ず記入してください。）

フリガナ	ヤマダ　タロウ
本人の氏名	山田　太郎

（登記番号が分かっている場合は、本欄に登記番号を記入してください。）

登記番号	第　　　-　　　号

（登記番号が分からない場合は、以下の欄に本人の生年月日・住所又は本籍を記入してください。）

本人の生年月日	明治・大正・㊋昭和・平成／西暦　　11　年　8　月　20　日生
本人の住所	東京都世田谷区○○×丁目×番×号
又は本人の本籍 （国籍）	

4　添付書類

（該当書類の□に☑のようにチェックしてください。）

①□法人の代表者の資格を証する書面（※申請人又は代理人が法人であるときに必要）
②□委任状　□その他（　　　　　　　）（※代理人が申請するときに必要）
③☑登記の事由を証する書面
　　ア□死亡の場合（☑戸籍（除籍）の謄抄本（欄外注参照）、□死亡診断書、
　　　　　　　　□その他（　　　））
　　イ□任意後見監督人選任前の一方的解除の場合（解除の意思表示が記載され公証人の認証を受けた書面＝配達証明付内容証明郵便の謄本＋配達証明書（はがき））
　　ウ□任意後見監督人選任前の合意解除の場合（合意解除の意思表示が記載され、公証人の認証を受けた書面の原本又は認証ある謄本）
　　エ□任意後見監督人選任後の解除の場合（上記イ又はウの書面（ただし、公証人の認証は不要）＋家庭裁判所の許可審判書（又は裁判書）の謄本＋確定証明書）
　　オ□その他（　　　　　　　）

（注）死亡の場合、法務局において住民基本台帳ネットワークを利用して死亡の事実を確認することができるときは、戸籍（除籍）の謄抄本の添付等を省略することができます。法務局において死亡の事実を確認することができないときには、戸籍（除籍）の謄抄本等の送付をお願いすることがあります。

※登記手数料は不要です。

3 登記事項証明書について知っておこう

登記されていないことを証明してもらうこともできる

● 登記事項証明書とは

　たとえば、成年後見人に選任された人が市役所で本人の固定資産評価証明書を請求するときに、銀行側から成年後見人であることの証明書を提示するように求められます。

　このような証明書を**登記事項証明書**といい、後見・保佐・補助・任意後見について、登記された内容を証明する公的な書面です。

　法定後見の場合には、後見開始等の審判が下り、家庭裁判所から法務局に対して登記の嘱託がなされて、実際に後見の登記が行われたあとに登記事項証明書を交付してもらうことができます。一方、任意後見の場合には、任意後見契約が締結された段階で登記がなされます。このため、実際に任意後見が開始していない場合でも、任意後見契約の内容について記された登記事項証明書が交付されます。

　登記事項証明書の交付を請求できる人は、本人、後見人など、法律で定められています。限られた人しか登記事項証明書の交付を請求できないのは、本人のプライバシーを保護するためです。

　先ほどの例では、本人の固定資産評価証明書を請求された市役所は登記事項証明書を自分で入手することができませんが、後見人自身は登記事項証明書の交付を請求することができます。

　後見人等は、交付された登記事項証明書を取引の相手方に提示し、自分に代理権があることを証明することができます。

　また、取引の相手方にとっても、本当に本人を代理する権限があるかどうかを知りたい場合には、登記事項証明書の提出を求めることで、相手に代理権があるかどうかを確認した上で、安心して取引を行うこ

とができるのです。登記事項証明書には、以下の内容が記されます。
① 後見・保佐・補助のどの類型か
② 本人の氏名・住所
③ 成年後見人・保佐人・補助人・任意後見受任者や任意後見人、成年後見監督人・保佐監督人・補助監督人・任意後見監督人の氏名・住所
④ 代理権や同意権の範囲など

登記事項証明書には、登記の内容について証明するものの他に、成年後見制度の登記がなされていないことを証明する働きを持つものもあります。これを登記されていないことの証明書といいます。

登記されていないことの証明書は、取引を行う上で必要な場合や、何らかの資格取得の条件として法定後見が開始していないことを証明する必要がある場合などに、必要とされることがあります。

● 登記事項証明書の交付請求について

成年後見の登記内容は本人のプライバシー性が非常に高いため、登記事項証明書の交付請求ができる人は、本人をはじめ、登記に記録されている人（たとえば、成年後見人等、成年後見監督人等、任意後見受任者、任意後見人、任意後見監督人）の他に、本人の配偶者、本人の四親等内の親族などに限られています。登記に記録されている人が請求する場合には、申請時に添付書面などは不要ですが、それ以外の人が請求する場合には、請求資格があることを証明する戸籍謄本や戸籍抄本などの書面が必要になります。

また、本人の代理人も証明書の交付を請求できますが、この場合には、添付書類として委任状が必要になります。

一方、登記されていないことの証明書は、誰でも自分の分について請求することができます。

登記事項証明書の交付は、所定の申請書に必要事項を記入し、手数

料分の収入印紙を貼付して東京法務局あるいは各地方法務局に直接出向いて請求するか、郵送で行います。郵送で請求する場合には、東京法務局に対して行うことになります。

　申請書は、東京法務局をはじめ、最寄の法務局でも入手できますし、法務省のホームページでも入手できます。登記事項証明書の交付については、申請書のダウンロードだけでなく請求自体もオンラインでできます。申請にかかる費用もオンラインの方が安くなっています。

　申請にかかる費用は、窓口と郵送による請求の場合、登記事項証明書は550円、登記されていないことの証明書は300円です。

　一方、オンラインによる請求の場合には、紙媒体の登記事項証明書の場合には380円、電子媒体の登記事項証明書の場合には320円で、紙媒体の登記されていないことの証明書は300円、電子媒体の登記されていないことの証明書の場合には240円です。

　オンラインによる請求について詳しくは、法務省のホームページ（http://www.moj.go.jp）を参照してください。

■ 登記事項証明書などの交付請求のしくみ

	登記事項証明書	登記されていないことの証明書
交付請求ができる人	本人・成年後見人等・成年後見監督人等・任意後見人・任意後見受任者・任意後見監督人・本人の四親等内の親族	法定後見・任意後見を受けていない本人
証明書に書かれていること	後見・保佐・補助の種類 本人の氏名・住所 成年後見人等・成年後見監督人等の氏名・住所 代理権や同意権の範囲	本人の氏名・生年月日・住所・本籍 登記されていないことを証明する旨の記述
請求先	東京法務局後見登録課 全国の法務局・地方法務局の戸籍課の窓口	東京法務局後見登録課 全国の法務局・地方法務局の戸籍課の窓口

書式　登記事項証明申請書

登記事項証明申請書
（成年後見登記用）

東京 法務局　御中
平成 28 年 7 月 1 日申請

□ 閉鎖登記事項証明書（閉鎖された登記事項の証明書を必要とする場合はこちらにチェックしてください。）

請求される方 (請求権者)	住所	東京都板橋区○○町○丁目○番○号
	(フリガナ)	ヤマダ イチロウ
	氏名	山田 一郎 ㊞
	連絡先（電話番号）	03 - XXXX-XXXX

収入印紙を貼るところ
収入印紙は割印をしないでここに貼ってください。
印紙は申請書ごとに必要な通数分を貼ってください。

請求される方の資格	1 □ 本人（成年被後見人、被保佐人、被補助人、任意後見契約の本人、後見・保佐・補助命令の本人） 2 ☑ 成年後見人　　6 □ 成年後見監督人　7 □ 保佐監督人　8 □ 補助監督人 3 □ 保佐人　　　　9 □ 任意後見監督人　10 □ 配偶者　11 □ 四親等内の親族 4 □ 補助人　　　　12 □ 未成年後見人　13 □ 未成年後見監督人　14 □ 職務代行者 5 □ 任意後見受任者　15 □ 財産の管理者　16 □ 本人の相続人 　（任意後見人）　17 □ 本人の相続人以外の承継人

収入印紙は
1通につき
550円です

（ただし、1通の枚数が50枚を超えた場合は、超える50枚ごとに100円が加算されます）

代理人 (上記の方から頼まれた方)	住所	
	(フリガナ)	
	氏名	㊞
	連絡先（電話番号）	－ －

添付書類 下記㊟参照	□ 戸籍謄本または抄本など本人との関係を証する書面 （上欄中10、11、12、13、16、17の方が申請するときに必要。発行から3か月以内の原本） □ 委任状（代理人が申請するときに必要） □ 法人の代表者の資格を証する書面 （請求される方が法人であるとき、代理人が法人のときに必要。いずれも発行から3か月以内の原本）

後見登記等の種別及び請求の通数	☑ 後見　□ 保佐　□ 補助　　　（　1　通） □ 任意後見契約　　　　　　　　（　　通） □ 後見命令　□ 保佐命令　□ 補助命令　（　　通）

● 登記記録を特定するための事項

(フリガナ)	ヤマダ タロウ
本人の氏名 (成年被後見人等)	山田 太郎

（登記番号がわかっている場合は、記入してください。）

登記番号	第 — 号

（登記番号が不明の場合に記入してください。）

本人の生年月日	明治・大正 /☑昭和/・平成 / 西暦　11 年 8 月 20 日
本人の住所 (登記上の住所)	東京都台東区○○×丁目×番×号
または本人の本籍 (国籍)	

本人確認書類
□ 請求権者
□ 代理人
□ 運転免許証
□ 健康保険証
□ 住基カード
□ 資格証明書
　□ 弁護士
　□ 司法書士
　□ 行政書士
　□ その他
□ パスポート
□（　　　　）
□ 封筒

交付通数	交付枚数 （合計）	手数料	交付方法	受付		
50枚まで	51枚以上		□ 窓口交付 □ 郵送交付	交付	年 月 日 年 月 日	

記入方法等
1　二重線の枠内の該当事項の□に☑のようにチェックし、所要事項を記入してください。
2　「登記記録を特定するための事項」には、登記番号がわかっている場合は、本人の氏名と登記番号を、不明の場合には本人の氏名・生年月日・住所または本籍（本人が外国人の場合には、国籍）を記載してください。
3　郵送請求の場合は、返信用封筒（あて名を書いて、切手を貼ったもの）を同封し下記のあて先に送付してください。
　申請書送付先：〒102-8226　東京都千代田区九段南1-1-15　九段第2合同庁舎
　　　　　　　　東京法務局民事行政部後見登録課

㊟　窓口請求の場合は、請求される方（代理請求の場合は代理人）の本人確認に関する書類（運転免許証・健康保険証・パスポート等、住所・氏名及び生年月日がわかる書類）を窓口で提示していただきますようお願いいたします。
　　郵送請求の場合は、申請書類とともに、上記本人確認書類のコピーを同封していただきますようお願いいたします。
　　申請書に添付した戸籍謄本等の還付（返却）を希望する場合は、還付のための手続が必要です。

書式 登記されていないことの証明申請書

「登記されていないことの証明申請書」
（後見登記等ファイル用）

請求できるのは、本人、本人の配偶者または四親等内の親族です。
なお、代理の方が申請する場合は、該当する方からの委任状が必要です。

東京 法務局
平成 ○ 年 ○ 月 ○ 日申請

請求される方（請求権者）	住　所	東京都渋谷区○○×－×－×	収入印紙を貼るところ
	（フリガナ）	サトウ イチロウ	収入印紙 ※必ず貼ってください。
	氏　名	佐藤 一郎　連絡先（電話番号 03-XXXX-XXXX）㊞	
	証明を受ける方との関係	☑本人 □配偶者 □四親等内の親族 □その他（　　）	
代理人（上記の方から頼まれた方）	住　所		
	（フリガナ）		
	氏　名	連絡先（電話番号　　　　　　）㊞	1通につき300円 ※割印はしないでください。
返送先（上記以外に証明書の返信先を指定される場合に記入）	住　所		
	宛　先	※返信用封筒にも同一事項を必ず記入	※印紙は申請書ごとに必要な通数分を貼ってください。
添付書類（本人が請求する場合は不要）	□委任状（代理人が申請するときに必要。また、会社等法人の代表者が社員等の分を申請する時に社員等から代表者への委任状も必要） □戸籍謄本等親族関係を証する書面（本人の配偶者・四親等内の親族が申請するときに必要） □法人の代表者の資格を証する書面（法人が代理人として申請するときに必要）		
証明事項（いずれかの□にチェックしてください）	☑成年被後見人、被保佐人とする記録がない。（後見・保佐を受けていないことの証明が必要な方） □成年被後見人、被保佐人、被補助人とする記録がない。（後見・保佐・補助を受けていないことの証明が必要な方） □成年被後見人、被保佐人、被補助人、任意後見契約の本人とする記録がない。（後見・保佐・補助・任意後見を受けていないことの証明が必要な方） □その他（　　　　　　　　　　）とする記録がない。（上記以外の証明を必要とする場合）		
請求通数	1 通　申請請求通数は右詰めで記入してください。	証明を受ける方の氏名のフリガナ	サトウ　イチロウ

◎証明を受ける方　この部分を複写して証明書を作成するため、字画をはっきりと、住所又は本籍は番号、地番まで記入してください。

①氏　名	佐　藤　二　郎
②生年月日	明治 大正 ☑昭和 平成 西暦　又は　2 1 年 5 月 1 1 日
③住　所	都道府県名：東京都　市区郡町村名：渋谷区 丁目 大字 地番：○○×丁目×番×号
④本　籍 □国籍	都道府県名：　　　市区郡町村名： 丁目 大字 地番（外国人は国籍を記入）

提出先から特に指定がない場合は、住所又は本籍（外国人の場合は④に☑し、正しい国籍名）のいずれかを記入してください。

記入方法は：
1. 証明を受ける方の氏名のフリガナ欄は、例えば、ヤマダ　タロウ と左詰め（氏と名の間１字空き）でカタカナで記入してください。
2. 外国人は氏名欄に本国名（漢字を使用しない外国人はカタカナ）を記入してください。
3. 生年月日欄は、例えば、昭和に☑し ４１０ 年 １１ 月 １１ 日と右詰めで記入。
4. 郵送請求の場合は、返信用封筒（あて名を書いて、切手を貼ったもの）を同封して下さい。

申請書送付先：〒102-8226 東京都千代田区九段南1-1-15 九段第２合同庁舎　東京法務局民事行政部後見登録課

（登記所が記載します）	交付通数	交付枚数	手数料	受付　年　月　日
				交付　年　月　日

相談 登記事項証明書の提出を求められたが、誰が請求できるのか

Case 私の兄は父の成年後見人として後見事務を行っています。先日父の入院費にあてるため、父所有の定期預金を解約することにしました。平日は兄が時間をとることができないので、私がその旨を銀行に伝えたところ、「兄本人が来て手続きをしなければ応じられない」と言われました。また、その際には登記事項証明書を提出しなければならないとのことでした。当日は兄に銀行に行ってもらうとして、登記事項証明書は私が請求できるのであれば準備しておきたいのですが、可能でしょうか。

回答 あなたのお父さんの財産を管理する権限は成年後見人であるあなたのお兄さんだけが持っていますから、たとえあなたが子であっても本人の定期預金を解約することはできません。したがって、銀行がお兄さん本人に手続きしてもらうように伝えてきたのは仕方がないことでしょう。登記事項証明書については、本人の四親等内の親族であるあなたは交付請求をすることができます。ただ、あなた自身は登記に登録されているわけではないので、請求をする際には、請求資格を有していることを証明できるような戸籍謄本・抄本といった書面が必要になります。

第6章

成年後見に関連するその他の制度

1 成年後見制度を利用する際に頼れる専門家と報酬の目安

それぞれの専門家の得意分野を把握しておくと依頼しやすい

● どんな場合に誰に依頼すればよいのか

　成年後見制度の利用にあたって、申立手続きなどを専門家に依頼する場合、どのようなことを誰に相談したらよいのか、迷ってしまうかもしれません。ここでは、専門家への相談や手続きを依頼する場合に知っておきたい点を挙げて説明します。

　法定後見制度を利用する場合、申立権者（90ページ）による申立てが必要ですが、一人で手続きをすることが不安な場合には、専門家にこれらの手続きを依頼することができます。ただし、裁判所に提出する書類の作成や裁判所に対する申立手続きを代理できるのは、弁護士もしくは司法書士に限られています。

　任意後見制度を利用する場合には、任意後見契約の契約書の作成を依頼することが考えられます。また、任意後見契約と一緒に財産管理委任契約など他の契約を結ぶ場合にはその契約書の作成を依頼することも考えられます。任意後見契約や財産管理委任契約の相手方に専門家を選ぶことも考えられます。法定後見を利用する際に成年後見人等に専門家を選ぶこともできます。こうした内容については、司法書士や弁護士に依頼するのが一般的です。成年後見人等に専門家を選ぶ場合には、社会福祉士に依頼することもあります。

　また、成年後見制度だけでなく、遺言や信託制度を利用する場合にも専門家に相談することが考えられます。具体的には、遺言書の作成を依頼したり、専門家に遺言執行者になってもらう場合です。このような場合も、司法書士や弁護士に依頼することが多くなりますが、登記に関する内容は司法書士に依頼することになります。

なお、信託については、司法書士・弁護士の他、信託銀行などに相談する例がほとんどです。また、介護サービスを受ける場合にも、適切なサービスを選ぶために専門家が必要になるかもしれません。特に身上監護については、社会福祉士が適任であるといえるでしょう。

　ただし、専門家に丸投げという形にするのではなく、依頼する専門家が信頼できるかどうか調べた上で相談することが大切です。

● 司法書士に頼みたい場合はどうする

　司法書士は、登記を行う専門家というイメージが強いのですが、成年後見制度に関与する専門家の中では一番この制度に精通しているといってよいでしょう。司法書士に依頼できる内容は、多岐にわたります。たとえば、裁判所に提出する書類の作成を依頼する他、任意後見契約書の作成、成年後見人等の受任（ただし、家庭裁判所が選任する）、任意代理契約（財産管理委任契約）の締結、見守り契約の締結、死後の事務の依頼、遺言書の作成、信託に関する登記などです。司法書士に対する報酬については、成年後見人等の報酬を除き、各司法書士が自由に定めることができます。実際に依頼するときに、どのような基準となっているか、算出基準を各司法書士に尋ね、説明してもらった上で依頼することになります。どの司法書士に依頼したらよいかわからない場合には、成年後見センター・リーガルサポート（197ページ図）に相談するとよいでしょう。

● 弁護士に頼みたい場合はどうする

　法律全般の問題について総合的に対応できる専門家です。特に、親族間でトラブルになることが想定されるケースでは弁護士に相談するのがよい場合があります。実際に弁護士と相談する場合には、最初に依頼する内容と報酬や実費についても説明してもらうことが大切です。

● 行政書士に頼みたい場合にはどうする

　行政書士は、権利義務・事実証明に関する書類作成の専門家です。近年では、成年後見制度について積極的に関わっている行政書士も多く、財産を管理したり、身上監護を行うなど、認知症高齢者や知的障害者、精神障害者のサポート業務をしています。平成22年に、一般社団法人コスモス成年後見サポートセンター（次ページ図）が設立されましたので、コスモス成年後見サポートセンターの会員である行政書士に相談してみるのもよいでしょう。

● 社会福祉士に頼みたい場合はどうする

　社会福祉士は、もともと身体・精神上の障害を持つ人々を支援することを専門としてきているため、成年後見制度における被後見人等の支援について、特に身上監護の面からの専門的な支援が期待されています。各都道府県にある社会福祉士会による成年後見センター「ぱあとなあ」（197ページ図）で、成年後見制度に関する相談を受け付けている他、後見人等の養成研修が行われており、研修を終了した専門家による後見人等の就任などが行われています。

● その他こんなところにも頼める

　各都道府県にある税理士会でも税務の専門家という立場から成年後見制度に関する相談を受けている場合があります。成年後見制度は介護や信託、遺言といった他の制度と組み合わせて利用することが多い制度であることから専門家が連携していることもあります。たとえば、信託を扱う信託銀行と成年後見を専門とする司法書士、弁護士と銀行が連携していることもあります。さらに社会福祉士と司法書士が連携して対応している事務所もあります。

● **専門家に頼むといくらかかるのか**

専門家に依頼する場合、申立てにかかる費用の他に専門家に支払う報酬も発生します。専門家に支払う報酬額は、法律などによって定められているものではありません。そのため、各専門家によって具体的な報酬額は異なります。通常は、**5～30万円程度の報酬額**が設定されていることが多いようです。

また、専門家が後見人に選任された場合には、後見事務に対する報

■ 成年後見制度を支える組織

司法書士の組織　日本司法書士会連合会（全国の司法書士会と司法書士が所属）
【成年後見制度専門の組織】成年後見センター・リーガルサポート 　全国の5000名を超える司法書士で構成されている成年後見専門の組織です。 【支援内容】成年後見制度について、適正な後見業務や後見監督業務の運用等 【URL】http://www.shiho-shoshi.or.jp/（日本司法書士会連合会） 　　　　http://www.legal-support.or.jp/（成年後見センター・リーガルサポート）

弁護士の組織　日本弁護士連合会（全国の弁護士会と弁護士が所属）
【成年後見制度専門の組織】弁護士会ごとに取り組んでいます。 【支援内容】法律問題全般の相談を各地の法律相談センターで受け付けています。 【URL】http://www.nichibenren.or.jp/　（日本弁護士連合会）

行政書士の組織　日本行政書士会連合会（全国の行政書士が所属）
【成年後見制度専門の組織】一般社団法人コスモス成年後見サポートセンター 　全国の行政書士のうち、成年後見に関する十分な知識・経験を有する者を正会員として組織する一般社団法人。高齢者、障害者が、自分の意思で、安心で自立した生活が送れるように財産管理、身上監護を行ってサポートする組織。 【支援内容】成年後見についての法律相談や後見業務を行っている。 【URL】http://www.cosmos-sc.or.jp/

社会福祉士の組織　日本社会福祉士会（全国の社会福祉士の組織）
【成年後見制度専門の組織】権利擁護センター　ぱあとなあ 　専門の訓練を受けた社会福祉士が成年後見人等の候補者として登録されています。 【支援内容】成年後見制度について、相談から成年後見人等の受任までを一貫して行っています。 【URL】http://www.jacsw.or.jp/　（日本社会福祉士会）

酬が発生します。申立時に候補者となっている者が選任された場合だけでなく、裁判所の判断により申立時の候補者以外の者が選任された場合であっても同様です。

　後見事務に対する報酬額は、後見人が行った後見事務（財産管理や身上監護）の内容や、被後見人の財産状況・健康状態等を総合的に考慮して、家庭裁判所が審判により決定します。本人や親族、専門家などが自由に決めることはできません。また、専門家の種類（弁護士、司法書士、行政書士、社会福祉士など）によって報酬額が決まるわけでもありません。管理する財産が多い場合や、親族間で意見の対立があるような場合には、専門性の高い複雑な後見事務が求められることになりますので、報酬額も高額になるケースが多いようです。

　報酬は、基本報酬と付加報酬に分類することができます。**基本報酬**とは、通常の後見事務を行った場合の報酬のことをいいます。たとえば、管理財産が1000万円以下である場合の後見人の基本報酬は、**月額２万円程度**であることが多いようです。また、後見監督人の基本報酬は、管理財産が5000万円以下の場合、月額１～２万円程度であることが多いようです。

　付加報酬とは、身上監護等に特別困難な事情があった場合や、後見人等が特別な行為（遺産分割調停や居住用不動産の任意売却など）をした場合に付加される報酬のことをいいます。具体的な金額は、事案ごとに裁判所が決定します。

　後見人報酬や後見監督人報酬は、本人の財産から支弁されます。したがって、本人の財産がなくなってしまったような場合には、報酬が発生しない（無償となる）場合もあります。なお、任意後見制度を利用する場合、任意後見人の報酬は、本人と任意後見人候補者間の契約で、自由に定めることができます。目安としては、**月額３万円程度**に設定されることが多いようです。また、任意後見監督人の報酬は、法定後見の場合と同様に、裁判所が決定します。

2 介護保険について知っておこう

要支援・要介護認定を経てサービスを利用する

● 介護保険の被保険者

　介護保険とは、加齢により介護を要する状態になった場合に安心して日常生活を送れるように医療や福祉のサービスを行う制度です。介護保険制度の保険者は市町村で、国や都道府県、そして協会けんぽなどの医療保険制度により包括的に支えられながら運営を行っています。

　介護保険の被保険者には、第1号被保険者と第2号被保険者の2種類です。65歳以上の人は、第1号被保険者となります。一方、第2号被保険者は、40～64歳で医療保険に加入している人とその被扶養者が対象です。医療保険に加入している人やその被扶養者が40歳になると、自分の住んでいる市区町村の第2被保険者となります。第2号被保険者で介護保険の給付を受けることができるのは、第1号被保険者とは異なり、特定疾病によって介護や支援が必要となった場合に限られます。

　被保険者は保険料を納めます。第1号被保険者の保険料は、国が定めた算定方法によって算出された基準額に対して各市区町村が調整し、最終的な金額が決定されます。したがって、保険料は市区町村によって異なります。第6期（平成27年度～平成29年度）の介護保険料について、全国の市区町村の平均額は5,514円とされており、第5期（平成24年度～平成26年度）と比べると、550円程度高くなっています。

　一方、第2号被保険者の保険料は、第1号被保険者のように国が算定方式を示して基準額を設定し、各市区町村が調整するといった方式ではありません。第2号被保険者の保険料は原則として被保険者が加入している医療保険とともに納める形式となっています。介護保険料

の負担部分については、雇用者側と折半する形になります。医療保険の被扶養者も40歳以上になると第2号被保険者になりますが、介護保険料の負担はありません。

● 要支援と要介護

　介護保険は、要支援あるいは要介護の認定を受けた人だけが、介護保険の給付を受けることができます。要支援者とは要支援状態にある人で、要介護状態にある人が要介護者です。**要支援状態**とは、社会的支援を必要とする状態を指します。具体的には、日常生活を送る上で必要になる基本的な動作をとるときに見守りや手助けなどを必要とする状態のことです。要支援者は、要支援状態の度合いによって、要支援1と要支援2に分類されます。**要介護状態**とは、日常生活を送る上で必要になる基本的な動作をとるときに介護を必要とする状態です。

　要介護の場合には、介護が必要な状態の程度によって、「要介護1」から「要介護5」までの5段階に分かれています。

　要介護1～5の認定を受けた人は介護給付、要支援1～2の認定を受けた人は予防給付のサービスを受けることができます。サービスは大きく分けると居宅・施設・地域密着型サービスに分類できます。支援を受けるためのケアプランの作成については、居宅介護支援・介護予防支援のサービスを利用します。なお、要介護認定で「非該当」であっても地域支援事業のサービスを利用することは可能です。

● 介護保険の利用と申請手続き

　介護保険を利用する場合には、申請をしなければなりません。申請時に提出する申請書類には、申請者の主治医を記入する項目があります。この主治医は、被保険者の状況について記載した意見書を提出することになります。

　要介護認定の申請を行うときには、第1号被保険者は手元にある被

保険者証を添えて申請書を提出する必要があります。第2号被保険者は手元に被保険者証がありませんから、申請書だけを提出します。

申請は、本人や家族の他、近くの居宅介護支援事業者（ケアプラン作成事業者）や、地域包括支援センター、成年後見人、介護保険施設などにも依頼できます。必要事項を書いた申請書を提出してから30日以内に、訪問調査、主治医の意見書の提出、1次判定、2次判定という手続きを経て、最終的な認定（非該当、要支援1・2、要介護1〜5）が行われます。

◉ 誰が申請できるのか

要介護認定の申請は、市区町村などの介護保険制度を担当する窓口に対して行いますが、原則として本人が行わなければなりません。

本人が申請できない状態の場合には、家族が申請することができます。申請を行うことができる人は、本人と家族以外にもいます。たとえば、民生委員（福祉サービスを支援する者）や成年後見人が本人の代わりに行うこともできます。また、地域包括支援センターも本人に変わって申請することができます。サービスを提供する事業者では、指定居宅介護支援事業者や介護保険施設も代行可能です。

◉ 申請から認定までにかかる期間

要介護認定の申請をしてから認定されるまでの期間は30日以内とされています。更新の場合には、有効期間が切れる60日前から更新申請をすることができます。更新の時期が来ると、市区町村から更新申請の用紙が送付されるので、この用紙を更新時に提出します。

なお、介護保険の給付サービスを受けることができるのは、申請した日からです。ただ、認定結果が予想していた度合より軽い場合や非該当となった場合には、その部分についての支払は自己負担になるので注意が必要です。非該当の場合はそもそも介護保険の対象外ですか

ら、全額を負担しなければなりません。

● サービス費用の自己負担割合と負担を軽減する制度

　介護給付を受けるために認定を受けた利用者は、その認定の度合いによって受けられる給付額が異なります。このように、介護保険で利用できるサービスの費用の上限を区分ごとに定めたものを支給限度額といいます。支給限度額を超えて利用した場合には、その超えた金額は全額自己負担になります。

　介護保険制度は、従来介護給付費・介護予防サービス費の利用者負担は一律で1割負担でしたが、平成27年8月からこの負担割合が変更され、所得が一定以上の人の自己負担割合が1割から2割に上がりました。合計所得金額が160万円以上（単身で年金収入のみの場合、280万円以上）の人が対象です。

● 高額介護サービス費などの負担軽減制度

　介護サービスの利用料の本人負担割合は原則として1割（一定所得者以上は2割）ということになりますが、負担額を軽減するため、在宅サービスや施設サービスの利用料の自己負担額が高額になってしまった場合に市区町村から払戻しを受けることができる高額介護サービス費という制度を利用することもできます（申請は原則として初回のみです）。

　高額介護サービス費として市区町村から払戻しを受ける基準となる自己負担額の上限（月額）は、以下のように、利用者の世帯の所得状況によって段階的に設定されています。

・第1段階（生活保護受給者、世帯全員が住民税非課税でかつ老齢福祉年金受給者）：1万5000円（個人の場合）
・第2段階（世帯全員が住民税非課税でかつ課税年金収入額と合計所得金額の合計が80万円以下）：1万5000円（個人の場合）

- 第3段階（世帯全員が住民税非課税で利用者負担第2段階に該当しない場合）：世帯で2万4600円
- 第4段階（世帯内のいずれかが住民税課税対象の場合）：世帯で3万7200円
- 第5段階（現役並み所得に相当する者がいる世帯）：世帯で4万4400円

なお、同一世帯に複数の利用者がいる場合には、その複数の利用者の自己負担額を合計した金額が上限額として計算されます。

また、施設を利用した場合などに生じる食費や居住費用（ホテルコスト）は原則として自己負担ですが、低所得者の負担軽減のため、補足給付という制度も用意されています。

■ 介護サービスを受けるまでの手続き

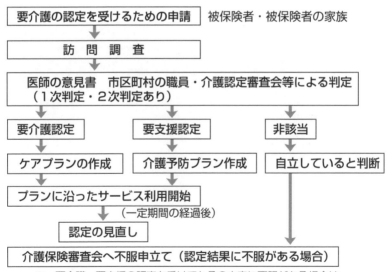

※ 要介護・要支援の認定を受けてもその内容に不服がある場合は不服申立てを行うことができる

3 介護施設について知っておこう

特養の入居用件は原則として要介護3である

● 介護保険の施設に入所する

介護保険施設は、原則として在宅で介護を受けることができない状態になった場合に利用が考えられるサービスです。介護保険施設には①指定介護老人福祉施設（特別養護老人ホーム）、②介護老人保健施設、③指定介護療養型医療施設の3種類があります。

・指定介護老人福祉施設（特別養護老人ホーム）

常時介護が必要なため、居宅で生活することが困難な者が入所する施設です。介護保険法上は介護老人福祉施設と呼ばれています。平成26年に行われた制度改正により、新規の入居者は原則として要介護3以上であることが要件になりました。

なお、小規模の特別養護老人ホーム（定員29人以下）として地域密着型介護老人福祉施設と呼ばれる施設もあります。地域密着型の場合、原則としてその施設が存在する市区町村に住んでいる人が利用対象になります。

・介護老人保健施設

介護老人保健施設は、医療的な視野から介護サービスを提供する一方で、機能訓練なども行い、入所している要介護者が自宅で生活できる状況をめざす施設サービスです。特別養護老人ホームと比べると医療関係のサービスが多く、実際の人員も医療関係の職員が多く配置されているものの、入所期間については原則として3か月に限定されています。

・指定介護療養型医療施設

指定介護療養型医療施設は、介護サービスも提供する医療施設です。

医療的な体制が整っていない介護施設に入所する場合、介護サービスの点では問題がない状態でも、医療的な看護を受けられないのでは不安が残ります。こうした高齢者を対象としているのが、指定介護療養型医療施設です。指定介護療養型医療施設を利用できるのは要介護者のみで、要支援者は利用することはできません。

なお、指定介護療養型医療施設は、医療費の抑制・適正化のために、平成23年度末には廃止される予定でしたが、廃止時期が平成29年度末まで、先送りされることになりました。

● 老人ホームに入所する

指定介護老人福祉施設（特別養護老人ホーム）・介護老人保健施設・指定介護療養型医療施設以外にも、養護老人ホーム、軽費老人ホーム、有料老人ホームといった施設があります。

これらの施設は利用者が入所する点では変わりがないのですが、介護保険制度上の施設サービスが行われる施設には該当しません。しかし介護保険上の「特定施設」として居宅（在宅）サービスのひとつである特定施設入居者生活介護が行われるため、介護保険のサービスを利用することができます。

■ 老人ホームの分類

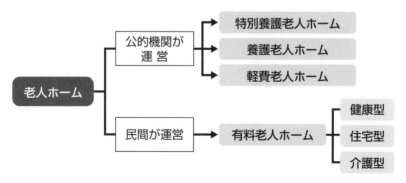

・養護老人ホーム

　環境上の理由と経済的理由により、居宅において養護を受けることが難しい高齢者（65歳以上）が入所するのが養護老人ホームです。入所は、市区町村の措置に基づいて行われます。

　養護老人ホームは主に所得の低い人や虐待を受けている高齢者などを救済するための施設です。そのため、対象となる入居者は、市町村の入居措置を受けた者に限られます。

・軽費老人ホーム

　原則として60歳以上の高齢者に無料または低額で、住居や食事など、日常生活に必要な便宜を提供する施設です。軽費老人ホームには、①食事サービスを受けられるA型と、②自炊が条件とされているB型、③介護が必要になった場合に入居したまま外部の介護サービスを受けることができるケアハウスの3つの形態があります。

　A型は入居時の所得制限がありますが、B型とケアハウスには所得制限はありません。近年は、民間事業者の参入ができるようになったケアハウスが増加しています。

・有料老人ホーム

　自らの意志で老後生活をより快適に過ごすための施設であり、老人福祉法の老人福祉施設とは異なります。申込みは直接施設に行い、利用負担については設置者との契約によります。入居対象者は施設によって異なりますが、おおむね60歳以上か65歳以上の高齢者です。

　居住の権利形態としては、「利用権方式」「建物賃貸借方式」「終身建物賃貸借方式」などがあります。また、サービス提供の形態としては、「住宅型」「健康型」「介護つき」といった分類があります。

　なお、定員29名以下の少人数制の有料老人ホームやケアハウスなどで提供されるサービスもあります（地域密着型特定施設入居者生活介護といいます）。地域密着型の場合、原則としてその施設が存在する市区町村に住んでいる人が利用対象になります。

● 認知症を発症している場合

　認知症のある要介護者が5〜9人で共同生活するグループホームで行われる介護サービスを認知症対応型共同介護といいます。利用者は、家庭的な雰囲気や地域住民との交流といった、住み慣れた環境の中で生活を送ることができます。

　グループホームは、特別養護老人ホームなどの大型施設に併設されている場合が多いようです。また、このサービスは、民家を改造した小規模な施設でも実施されています。なお、オープンから3年以上経ったグループホームでは、空き部屋に短期の入居者を受け入れることも可能になります。利用料は、要介護度に対応して決定されます。このサービスを利用するために施設に入居するには、認知症であることを示す主治医の診断書が必要です。また、認知症であっても、その原因となる疾患が、急性の状態にある場合は入居できません。日常生活上の世話や機能訓練を行うことで、利用者の自立した生活の実現をサポートします。

● 高齢者向けの住宅もある

　老人ホーム以外にも、サービス付き高齢者向け住宅、シルバーハウジング、グループリビング（グループハウス）など、さまざまな高齢者向けの住宅があります。サービス付き高齢者向け住宅とは、介護・医療と連携して高齢者を支援するサービスの提供が行われる住宅で、近年注目を集めています。

　また、シルバーハウジングとは、高齢者向けにバリアフリー設備を設けている公営の住宅をいいます。ライフサポートアドバイザーによる生活相談を受けることができるという特徴があります。そして、グループリビング（グループハウス）とは、高齢者が自発的に仲間を作って、同じ家でお互いに助け合って生活する暮らし方をいいます。食事の用意や掃除等を分担し、共同による合理的な生活様式を採用し

て、高齢者の自立を支援する目的があります。

● サービス付き高齢者向け住宅とは

　我が国では、現在高齢者が単身で暮らす世帯や、老夫婦2人のみが生活する世帯が増加しており、介護や孤独死など、さまざまな社会問題を生んでいます。そこで、単身や老夫婦のみの高齢者の増加を考慮して、介護と医療を連携させて、サービスを提供することが可能な住宅を積極的に増加させていくことが課題になりました。それがサービス付き高齢者向け住宅です。

　サービス付き高齢者向け住宅は、高齢者の生活を支援することが目的ですから、バリアフリー構造を採用した賃貸住宅（バリアフリー賃貸住宅）の形式が採られることが多くあります。そして、高齢者に対する見守りサービスや生活相談サービスを行っていることが要件とされています。

　さらに、総合的に高齢者の生活を支えるという目的を果たすために、オプションサービスとして、食事のサービスが提供されています。あわせて、当該高齢者が、介護が必要な状態に至った場合にも、同じ住宅に居住していながら、適切な介護サービスを受けることができるように、外部の介護サービスを受けることができるという内容のサービスが、賃貸する住宅の標準オプションとして、追加されていることが多いようです。

● 施設や高齢者住宅に入るときの費用

　介護保険施設は、介護保険が適用される公的な施設であるため、他の施設に比べて安価で利用することができます。

　民間の施設である有料老人ホームの場合、入居の際には一時金が必要です。この一時金は、対象とする有料老人ホームへ入居するための権利を取得するようなもので、年数に応じて償却していくシステムを

取っています。そのため、施設の中には中途での対処や利用者の死亡時に返却が行われる場合もあります。一時金については、有料老人ホームごとにそれぞれ償却の仕方が定められています。中には家賃を前払いとして受け取るタイプの一時金も見られるため、入所を検討する際には入念に調べておきましょう。

　また、サービス付高齢者住宅の場合は、通常の住宅への入居時と同様に、敷金・礼金を支払い、その後は月額費用を負担するシステムをとります。一般のサービス付高齢者住宅の場合は、介護支援サービスを利用した際には、その都度利用者の介護度合いに応じて費用を負担します。また、介護型のサービス付高齢者住宅の場合は、介護にかかる費用は月額費用に含まれる場合が多くあります。

■ 施設の種類ごとの費用の特徴と目安

種類	施設名	入居一時金	月額費用
介護施設	特別養護老人ホーム（とくよう）	−	15万前後
	介護老人保健施設（ろうけん）	−	16万前後
	介護療養型老人保健施設（療養型ろうけん）	−	17万前後
民間施設	グループホーム	数千万以下	20万前後
養護施設	軽費老人ホームＡ型・Ｂ型	−	15万前後
	ケアハウス	数百万以下	15万前後
有料老人ホーム	健康型	数億円以下	30万前後
	住宅型	数千万以下	30万前後
	介護型	数千万以下	30万前後
高齢者向け住宅	サービス付高齢者向け住宅	数十万以下	30万前後
	シルバーハウジング	−	10万前後
	グループリビング	50万程度	30万前後

相談 有料老人ホームの契約の際に注意すべきことは何か

Case 老人ホームを数か所見学した上で母が入所するホームを決めました。有料老人ホームへの入居契約をする上で、どのようなことに注意をすればよいのでしょうか。

回答 入居する老人ホームの決定後、入居契約を行う上での注意点・確認事項には以下のものがあります。

① **身元引受人を決める**

身元引受人とは、入居者本人が費用を払えなくなった場合の支払いの保証や病気や死亡した場合の引き取りを行うといった義務を負う人のことです。ホームへの入居の際には、身元引受人の設定が求められることになります。誰を身元引受人とするか、身元引受人となった場合は、具体的にどのようなことをする必要があるのかをしっかりと確認しておかなければ、後々のトラブルの原因にもなります。

② **本人の同意を得る**

入居契約の前には、再度本人の同意を取る必要があります。老人ホームへの入居を本人が納得して受け入れているかどうかはとても重要なことです。本人は入りたくもないのに、勝手に家族間で入居を決定してしまうと、やはりその後のホームでの生活もうまくいかなくなり、すぐに退去することになってしまう可能性もあります。

③ **入居後の訪問**

入居した後に、家族の誰がどれほどの頻度で老人ホームを訪問するかということも事前に決めておきましょう。入居した後は、できるだけ頻繁に家族の訪問が求められます。きっと誰かが訪問しているだろうと家族全員が思い込み、実際は誰も訪問していなかったということのないようにします。

まず、一番大切なことは、入所する本人の同意を得ることです。あ

なたのお母さんがその老人ホームに入所するのを嫌がっているのに無理矢理入所させるというようなことがあってはなりません。あなたのお母さんが同意している場合には、身元引受人を決めるようにしてください。特に身元引受人がどのような役割を担うものなのかは、きちんと施設側にも確認するようにして、後日トラブルとならないように注意しましょう。

相談　民間の有料老人ホームには介護保険が適用されないのか

Case　要介護認定を受けた父の入所する介護施設を探しています。近隣の評判のよい老人ホームに入所したらよいのではないかと考えています。ただ、施設の説明を聞いていると、この老人ホームでは介護保険の適用を受けることができないようです。老人ホームは介護保険の適用を受けられないのでしょうか。

回答　介護施設にもいろいろありますが、短期的な入所や一時利用を想定しているデイサービス、高齢者生活福祉センターなどの施設もある一方で、介護保険が適用される介護保険施設もあります。このうち、長期的な入所を想定している介護保険施設には、特別養護老人ホーム、介護老人保健施設、介護療養型施設、グループホームなどがあります。一方、民間事業者が運営する有料老人ホームは、原則として介護保険の適用がありません。都道府県の指定を受けている事業者が提供するサービスの場合には、一部介護保険が適用されるものもありますが、すべてのサービスについて適用を受けられるわけではありません。その老人ホームが特別養護老人ホームである場合には、介護保険の適用があります。一方、有料老人ホームである場合には、原則として介護保険の適用がないので、注意してください。

相談 親の代わりに介護施設の入所契約を結べるのか

Case 高齢の親が介護施設へ入所することが決まりました。これから施設側と契約を結ぶことになります。親は説明を聞いても内容を理解できないと思うので、子である私が親の代わりに契約をしたいと思っています。私が親を代理して契約をしても問題はないでしょうか。

回答 どのような形態のサービスを利用する場合であっても、利用者は事前に介護施設との間で契約を結ぶ必要があります。しかも、原則として介護サービスの利用者自身が、介護施設と直接契約を結ぶという建前が採られています。本人に意思能力がある場合はよいのですが、本人が認知症等の疾患を抱えており、事理を弁識する能力がない状態である場合は、問題が生じます。契約は、当事者の合意により成立するものですが、その前提として、当事者には「自分の行為の結果を明確に認識して、それに基づいて自ら決定する精神能力（意思能力）」が必要になります。意思能力を欠いた状態で成立した契約には効力が生じません。したがって、本人に意思能力がない場合には、介護施設と契約を結ぶことができず、必要なサービスを受けられないという事態に陥ってしまうことになります。

　意思能力を欠く本人が契約を結ぶために残された方法としては、親族等が本人を代理して契約を結ぶという方法があります。しかし、この方法を実行するためには、本人に意思能力があるうちに、親族等が本人から契約締結についての委任を受ける必要があります。委任を受けていない場合には、たとえ身内であったとしても、本人を代理して契約することはできません。

　このような場合には、もはや成年後見制度を利用するより他に方法はありません。介護施設との契約は、成年後見人等が選任された後に、その成年後見人等が本人を代理して結ぶことになります。

4 介護保険の在宅・通所サービスについて知っておこう

在宅介護の際に活用できるサービスを検討する

● 居宅（在宅）でのサービス

要介護の利用者が居宅（在宅）で受けることができる介護事業者のサービスは以下の通りです。

有料老人ホームなどのケアつきの住宅のうち、特定施設として認められている施設に入居していてサービスの提供を受ける特定施設入居者生活介護は介護保険制度においては居宅サービスとして位置付けられていますが、ホームに入所するというサービスの形態から、本書では205ページに掲載します。

・**訪問介護**

支援を必要とする高齢者の自宅に訪問介護員（ホームヘルパー）が訪問し、必要なサービスを提供するサービスです。訪問介護には、身体介護と生活援助の2種類があります。身体介護とは、食事の介助や排せつの介助、入浴、清拭、衣服の着脱、移動介助、車いす介助など、身体に関わるサービスをいいます。一方、生活援助とは、掃除や洗濯、買い物、食事の準備など、日常生活に必要なサービスをいいます。

・**訪問入浴介護**

数人の介護者、看護師などが要介護者や要支援者に対して入浴サービスを提供するサービスのことです。

・**訪問看護**

医師の指示を受けた看護師や保健師などの医療従事者が行う医学的なケアを施すサービスです。業務内容としては、血圧測定や体温測定などによる状態観察、食事、排せつ、入浴などの日常生活のケア、服薬管理、褥瘡処置などの医療処置などが挙げられます。

・訪問リハビリテーション

理学療法士などが利用者の自宅を訪問してリハビリテーションを行うサービスです。

・居宅療養管理指導

療養が必要な人や家族の不安を軽減するサービスです。医師や歯科医師の指示を受けた薬剤師や管理栄養士、歯科衛生士、保健師、看護師などの専門職が療養に関する管理、指導などを行うことができるようになっています。

● 通所サービス

施設に通うサービスを利用することもできます。

・通所介護（デイサービス）

日帰りの日常生活の訓練、食事や入浴の介護を施設で受けられるサービスです。通所介護は一般的にデイサービスと呼ばれ、在宅介護を必要とする人に広く利用されている介護サービスです。

・通所リハビリテーション（デイケアサービス）

病気やケガなどにより身体機能が低下した高齢者に、継続的にリハビリテーションを施し、機能回復あるいは維持を図ることを目的としたサービスです。

・短期入所生活介護と短期入所療養介護（ショートステイ）

短期入所生活介護および短期入所療養介護は、ショートステイと呼ばれるサービスです。介護が必要な高齢者を一時的に施設に受け入れ、短期入所生活介護の場合は食事や入浴、排せつ、就寝といった日常生活の支援を、短期入所療養介護の場合は医療的なケアを含めた日常生活の支援を行います。

● その他

その他、介護保険の地域密着型サービスでは以下のような在宅や通

いのサービスが提供されています。
- 定期巡回・随時対応型訪問介護看護

　訪問介護と訪問看護を密接に連携させながら24時間体制で短時間の定期巡回型訪問と随時の対応を一体的に行います。
- 夜間対応型訪問介護

　自宅で生活している要介護者を対象に、夜間の巡回訪問サービスや入浴、排泄、食事などのサービスを提供するのが、夜間対応型訪問介護です。夜間を対象として、オムツの交換や体位変換を定期的に巡回して行い、またオペレーションセンターが要介護者からの連絡を受けた際に適切な処置およびサービス提供を行うサービスです。
- 認知症対応型通所介護

　自宅で生活している要介護者にデイサービスセンターなどに通ってもらい、入浴、排泄、食事などの介護や機能訓練を実施するサービスです。通ってもらう場所は、グループホーム、特別養護老人ホームの共有スペースなどです。
- 小規模多機能型居宅介護

　自宅で生活している要支援者・要介護者を対象に、1つの事業所で、通い（デイサービス）を中心としてサービスを提供しながら、希望者に対しては随時訪問介護、ショートステイ（短期間宿泊）といったサービスを組み合わせて提供するサービスです。
- 地域密着型通所介護

　事業所の利用定員が18人以下の小規模通所介護事業所が要介護者に対して日常生活上の支援や生活機能向上のための機能訓練などを行うサービスです。
- 複合型サービス

　複合型事業所を創設し、1つの事業所から、さまざまなサービスが組み合わせて提供するサービスです。

相談 祖父の物忘れがひどくなってきたため認知症ではないかと考えているが

Case 私の祖父は最近物忘れがひどくなってきています。認知症ではないかと思っているのですが、認知症とはどのような症状が出てくるのでしょうか。

回答 認知症は脳や身体の障害によって、発達していた知能が慢性的に低下してしまった状態を指します。

認知症の症状としては、記憶力が低下して判断力や抽象的な事柄に関する思考力が低下している場合、そして失語、失行・失認といった症状があります。失語は言語障害、失行・失認は、それぞれ運動機能や感覚機能が損なわれていないにもかかわらず、ある動作の遂行や対象の認識ができないことです。これらの症状が認められ、認知症の原因にあたる脳や身体の病気や疾患が確認された場合、認知症と診断されます。アルツハイマー型認知症の場合、最初は物忘れがひどくなるなど老化に伴う変化と見分けのつかない症状しか認められません。しかし、しだいに重要な約束を忘れるようになったり、簡単な日常の作業ができなくなったり、介護が必要な状態になるなど、段階を追って病状が進みます。

認知症に似た症状にうつ病があります。認知症ではなく、うつ病の場合には、うつ病としての適切な治療を施す必要があります。

認知症の人の介護にあたっては認知症の病気を正しく知り、病状を理解して、高齢者に対して適切な態度で接していくことが重要です。

初期段階では判断しにくく、また症状が似た病気もありますから、認知症と決めつけずに、医師の診断を受けた方がよいでしょう。

5 高齢者が加入する公的医療保険について知っておこう

高齢者は国民健康保険や後期高齢者医療制度に加入するケースが多い

● 医療保険制度はどうなっているのか

医療保険とは、本人（被保険者）やその家族に病気・ケガ・死亡・出産といった事態が生じた場合に一定の給付や金銭の支給を行う制度です。日本の場合、個人で契約して加入する私的医療保険の他に、日本の全国民が医療保険に加入することができる公的医療保険制度が整えられています（国民皆保険）。

日本の公的医療保険制度には、労災保険、健康保険、船員保険、共済組合、後期高齢者医療制度などがあり、職業や年齢に従って利用できる医療保険制度を活用することになります。

一般の会社員であれば、通常はケガや病気をしたときには、業務・通勤中の事故や病気であれば労災保険、業務外の事故や病気であれば健康保険という医療保険制度を利用します。

これに対して、高齢者の場合、公的医療保険の中心となる制度は国民健康保険や後期高齢者医療制度です。

● 国民健康保険とは

国民健康保険とは、社会保障や国民の保健を向上させるために設けられた医療保険の制度で、略して「国保」とも呼ばれています。

加入者である被保険者の負傷、疾病、出産、死亡などに関して、国民健康保険法に基づいた給付が行われます。

国民健康保険の加入対象は、健康保険や船員保険などが適用されない農業者、自営業者、そして企業を退職した年金生活者などで、現住所のある市区町村ごとに加入します。

国民健康保険料の料率は市町村により異なり、被保険者の前年の所得や世帯の人数などを加味した上で定められます。

国民健康保険の給付は、基本的には会社員の加入する健康保険とほぼ同じで、具体的な給付内容は図（次ページ）の通りです。

● 国民健康保険が効かない薬や治療

治療内容や調剤の中には、国民健康保険制度ではカバーすることができないものもあります。

たとえば、差額ベッド代などが挙げられます。差額ベッド代とは、差額室料とも呼ばれるもので、病気やケガで入院する場合に「気を遣いたくない」などの理由から、個室もしくは少人数制の病室を希望した場合にかかる費用のことです。この差額ベッド代が必要になる病室は、原則として個室～4人までの部屋のことで「特別療養環境室」といいます。このような病室を選択することは、病気やケガの治療行為とは直接の関係がなく、よりよい環境を求めて行う行為であることから、保険の適用外とされています。

● 64歳以下の人とは取扱いが変わる

65歳以上の人の公的医療保険については、平成20年4月から施行されている高齢者の医療の確保に関する法律（高齢者医療確保法）により、64歳以下の人とは異なる医療保険制度が適用されています。

具体的には、65歳から74歳までの人を対象とした前期高齢者医療制度と、75歳以上（言語機能の著しい障害など一定の障害状態にある場合には65歳以上）の人を対象とした後期高齢者医療制度（長寿医療制度）が導入されています。

● 前期高齢者医療制度とは

前期高齢者医療制度とは、65歳～74歳の人を対象とした医療保険

制度です。前期高齢者医療制度は後期高齢者医療制度のように独立した制度ではなく、制度間の医療費負担の不均衡を調整するための制度です。

したがって、65歳になったとしても、引き続き今まで加入していた健康保険や国民健康保険から療養の給付などを受けることができます。

ただし、保険者が居住する市区町村へと変わるため、就労中の場合は給料からの介護保険料の天引きがなくなります。

医療費の自己負担割合については、69歳まではそれまでと同様に3割ですが、70歳の誕生月の翌月からは原則として2割となり、1割引き下げられます。ただし、70～74歳の者であっても、一定以上の所得者（課税所得145万円以上の者）の場合には自己負担割合は3割です。

■ 国民健康保険の給付内容

種類	内容
療養の給付	病院や診療所などで受診する、診察・手術・入院などの現物給付
入院時食事療養費	入院時に行われる食事の提供
入院時生活療養費	入院する65歳以上の者の生活療養に要した費用の給付
保険外併用療養費	先進医療や特別の療養を受けた場合に支給される給付
療養費	療養の給付が困難な場合などに支給される現金給付
訪問看護療養費	在宅で継続して療養を受ける状態にある者に対する給付
移送費	病気やケガで移動が困難な患者を医師の指示で移動させた場合の費用
高額療養費	自己負担額が一定の基準額を超えた場合の給付
高額医療・高額介護合算療養費	医療費と介護サービス費の自己負担額の合計が著しく高額となる場合に支給される給付
特別療養費	被保険者資格証明書で受診した場合に、申請により、一部負担金を除いた費用が現金で支給される
出産育児一時金	被保険者が出産をしたときに支給される一時金
葬祭費・葬祭の給付	被保険者が死亡した場合に支払われる給付
傷病手当金	業務外の病気やケガで働くことができなくなった場合の生活費
出産手当金	産休の際、会社から給料が出ないときに支給される給付

● 後期高齢者医療制度とは

　後期高齢者医療制度とは、75歳以上の人に対する独立した医療制度です。国民健康保険や職場の健康保険制度に加入している場合でも、75歳になると、それまで加入していた健康保険制度を脱退し、後期高齢者医療制度に加入します。75歳以上の人の医療費は医療費総額中で高い割合に相当するため、保険料を負担してもらうことで、医療費負担の公平化を保つことが、この制度が作られた目的です。

　後期高齢者医療制度に加入する高齢者は、原則として、若い世代よりも軽い１割負担で病院での医療を受けることができます。利用者負担の金額が高額になった場合、一定の限度額（月額）を超える額が払い戻されます。医療保険と介護保険の利用者負担の合計額が高い場合にも、一定の限度額（月額）を超える額が払い戻されます。

　後期高齢者医療制度については、制度開始直後はその内容をめぐって批判が噴出し、制度そのものの廃止が真剣に議論されるほどでした。

　しかし、当面は、拠出金の負担方法を見直すなど、制度のあり方を検討しつつ、現行制度の手直しをしながら継続されるものと見られています。

■ 高齢者の医療費の自己負担割合

70歳 ▼　　　75歳 ▼

- 国民健康保険
- 健康保険（協会・組合）
- 共済組合

自己負担割合：原則２割
（一定の所得がある場合、自己負担割合は３割）

後期高齢者医療制度

公費　５割

現役世代からの支援　４割

高齢者の自己負担　１割

6 障害者総合支援法のサービスを利用する

障害支援区分に応じて利用できるサービスの時間などが決まる

● 障害者総合支援法のサービス

障害者に対する支援で最も中心的となる制度は**障害者総合支援法**による障害福祉サービスです。障害者総合支援法は障害者の日常生活を総合的に支援するための各種制度について規定しています。

障害福祉サービスの給付の対象者は、身体障害者福祉法・知的障害者福祉法・精神保健福祉法・発達障害者支援法で規定されている18歳以上の者と、児童福祉法で規定されている障害児です。また、関節リウマチ・肝内結石症・メニエール病など、332疾病の難病患者も含まれます。

● 自立支援給付と地域生活支援事業

障害者総合支援法が定める障害者への福祉サービスは、自立支援給付と、地域生活支援事業に大きく分けられます。

・**自立支援事業**

自立支援給付とは、在宅で利用するサービス、通所で利用するサービス、入所施設サービスなど、個々の障害のある人々の障害程度、社会活動や介護者、居住等の状況などをふまえ、個別に支給されるサービスのことです。障害者福祉サービスにおいて中心的な役割を果たしているのが介護給付費と訓練等給付費です。介護給付費や訓練等給付費は、サービスの給付を希望する人が市区町村に申請し、支給することが妥当であると市区町村から認定されると、サービスを受ける本人が都道府県の指定した事業者の中から選んだ事業者と契約を結び、サービスを利用することになります。

・地域生活支援事業

　地域生活支援事業とは、障害者をとりまく地域の地理的な条件や社会資源の状況および地域に居住する障害者の人数や障害程度などに応じて、必要な支援を柔軟に行う事業です。地域生活支援事業の実施主体は基本的に市区町村ですが、広域的なサポートや人材育成など、一部は都道府県が主体になります。

◉ 利用手続き

　障害者福祉サービスを利用したい場合は、居住地の市区町村に申請します。相談支援事業者に申請代行を依頼することも可能です。障害者福祉サービスの申請を受けた市区町村は、障害者の心身の状態を把握し、サービスが必要かどうかの認定調査を行います。市区町村は、障害者の状況、居住の場所、障害の程度、市町村審査会の意見などを総合考慮して、支給決定案を作成します。この際、利用者の保護者に対して、利用者に対してどのようなサービスを行うのがよいのか聴取が行われます。

　認定調査は2段階に分かれています。コンピュータによって行われる1次認定調査と、市町村審査会によって行われる2次認定調査です。2次認定調査まで通ると、障害支援区分の認定が決定します。

　障害支援区分とは、身体障害者や知的障害者、精神障害者、難病患者等の障害の多様な特性、その他の心身の状態に応じて、必要とされる標準的な支援の度合いを総合的に示す区分です。

　障害支援区分の決定は、1次判定と2次判定を経て行われます。障害支援区分の決定は、1次判定と2次判定を経て行われます。1次判定では、認定調査項目（80項目）の結果および医師意見書（24項目）の一部項目をふまえ、判定ソフトを活用したコンピュータ処理が行われます。

　2次判定では、審査会において、1次判定の結果をもとに、1次で

は把握できない申請者固有の状況等に関する特記事項および医師意見書（1次判定で評価した項目を除く）」の内容を総合的に考慮した審査判定がなされます。

障害支援区分は、非該当および区分1～6の7段階です。この7段階の判定結果によって、居宅介護や同行援護、短期入所（ショートステイ）など、利用できる障害福祉サービスの上限金額や利用時間などが決まります。

◉ 利用者の負担額は最大でも利用料の1割

障害福祉サービスを利用する場合、利用者は一定の利用料を負担します。この負担額については、利用者や世帯の所得を考慮して料金を決定する、応能負担の原則に基づいて決定します。

ただし、家計の負担能力が高い人は高額の負担であっても、全額を自己負担しなければならないというわけではなく、利用者の負担額は最大でも利用料の1割です。また、所得別の上限額の制限や、高額障害福祉サービス費、食費などの減免措置（補足給付）、家賃助成など、利用するサービスに応じた負担軽減措置があります。

■ サービスの利用手続き

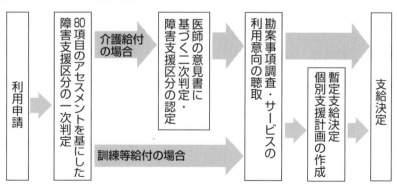

※支給決定の前に、必要に応じて市町村審査会の意見聴取が行われることがある

7 障害福祉サービスはどのように利用するのか

状況に応じたサービスを利用できる

● 介護給付・訓練等給付・地域生活支援事業に基づくサービス

　障害者総合支援法によって受けられるサービスは、サービスの利用の仕方によって居宅における生活支援、日中活動、居住支援、相談等支援、医療支援、補装具等支援のカテゴリに分けることができます。実際には、利用者は、これらのサービスの中から必要なものを組み合わせて利用することになります。たとえば、日中は療養介護を利用して夜間は施設入所支援を利用するといった具合です。

　それぞれ、介護給付や訓練等給付、地域生活支援事業などから支援が行われることになります。

● 居宅（在宅）における生活支援

　居宅における生活支援とは、障害者が住みなれた家庭で日常生活を送れるように支援するサービスです。

・居宅介護（介護給付）

　住んでいる居宅において受けることのできるサービスで、身体介護、家事援助、通院等介助、通院等乗降介助の4種類があります。

・重度訪問介護（介護給付）

　より重い症状をもつ障害者に対するサービスで、重度の肢体不自由者であって常に介護を必要としている人が対象です。

・同行援護（介護給付）

　視覚に障害がある方の外出に同行して、移動に必要な情報の提供や、移動の援護、外出する際に必要となる援助など、外出・移動に関連した支援を行うサービスです。

・行動援護（介護給付）
　行動する上で著しい困難がある知的・精神障害者に対し、行動する際に生じ得る危険を回避するために、必要な援助を行うサービスです。

・重度障害者等包括支援（介護給付）
　四肢の麻痺および寝たきりの状態にある者などに、日常生活上必要なさまざまなサービスを複合的に行います。

・短期入所（介護給付）
　自宅で生活する障害者が、施設に短期間入所した際に受けることができる介護や支援です。ショートステイとも呼ばれます。

・移動支援事業（地域生活支援事業）
　介護給付による個別の給付で対応できない複数名の移動や、突発的に必要が生じた場合の移動支援を行うサービスです。

・日中一時支援事業（地域生活支援事業）
　一時的に支援が必要となった人に、社会適応訓練、見守り、日中活動の提供、送迎などのサービスを行います。

・コミュニケーション支援事業（地域生活支援事業）
　手話通訳や要約筆記者の派遣、手話通訳の設置支援などを行います。

■ 介護給付と訓練等給付に含まれるサービス

介護給付		訓練等給付
・居宅介護　・生活介護 ・重度訪問介護　・短期入所 ・同行援護　・重度障害者等包括支援 ・行動援護　・施設入所支援 ・療養介護		・自立訓練 　（機能訓練・生活訓練） ・就労移行支援 ・就労継続支援 ・共同生活援助

※ 障害者総合支援法の改正により、訓練等給付として新たに就労定着支援、自立生活援助のサービスが追加される（平成30年4月施行予定）

● 入所施設などで昼間の活動支援（日中活動）について

　日中活動は、入所施設などで昼間の活動を支援するサービスです。
　介護給付による支援には、療養介護（長期入院をする難病患者などが病院で医療的ケアと介護を受けられるサービス）と生活介護（昼間、施設に通う利用者に介護や創作的活動等の機会を提供するサービス）があります。訓練等給付による支援には、①自立訓練（病院や施設を退院した人が地域社会で自立した生活を営むことができるようにするための、身体機能の訓練や生活能力の維持・向上のためのサービス）、②就労移行支援（一般企業への就労が可能な障害者に対して、一定期間、就労に必要な訓練を行うサービス）、③就労継続支援（一般企業に就労するのが困難な障害者に対して、能力や知識の向上を目的とした訓練を行うサービス）があります。
　また、地域生活支援事業による支援として、地域活動支援センター事業による支援があります。

● 居住支援について

　居住支援とは入所施設などで、夜間に居住する場を提供するサービスです。介護給付による支援として、施設に入所する人に対して入浴や排せつ、食事などの介護を行う施設入所支援があります。
　訓練等給付によるものとして、共同生活援助（地域の中で障害者が集まって共同で生活する場を設け、サービス管理責任者や世話人を配置して生活面の支援をするサービス。グループホーム）が行われます。地域生活支援事業による支援で夜間の居住支援に関するものには、福祉ホームによる日常生活の支援や入居後の相談支援を行う居住サポート事業があります。

● 相談等支援について

　地域生活支援事業による支援として、市区町村と都道府県により行

われます。市区町村が障害のある人やその保護者のさまざまな相談に応じ、必要な情報の提供や助言を行います。市区町村自ら行う場合と市区町村から委託を受けた業者によって行われる場合があります。市区町村の枠を超えた相談支援は都道府県によって行われます。また、サービス利用計画の作成を行う計画相談支援や、地域移行支援、地域定着支援などの地域相談支援も相談支援のひとつです。

● 医療支援について

医療支援には、障害の軽減を図り、日常生活や社会生活において自立するために必要な医療を提供する自立支援医療と、療養介護医療（医療の他に介護を受けている場合に、医療費の部分について支給されるサービス）とがあります。

● 補装具等支援について

障害者は、義肢や車椅子など（補装具）について、市区町村に申請することによって費用の給付を受けることができます。また、補装具のサービスの他に、重度の障害がある人は、地域生活支援事業により、市区町村から日常生活に必要な用具の給付を受けることができます（日常生活用具給付）。

■ 支援事業について

市町村の支援事業	都道府県の支援事業
・相談支援 ・市町村に基幹相談支援センターを設置 ・成年後見制度利用支援事業 ・地域活動支援センター ・日常生活用具の給付 ・移動支援 ・手話通訳などコミュニケーション支援など	・相談支援体制整備事業 ・相談支援事業 ・福祉ホーム事業 ・情報支援事業 ・障害者IT総合推進事業 など

8 信託について知っておこう

委託者、受託者、受益者がいる

● どんなしくみなのか

　信託とは、簡単に言えば、他人を信じて何かを託すということです。信託契約では、何かを他人に依頼する者を委託者、依頼される者を受託者、信託契約によって利益を受ける者を受益者といいます。

　たとえば、不動産を所有しているAさんがいたとします。Aさんは、これまで自分で不動産を運用し、それによって得た利益で生計を立ててきました。しかし、高齢になったAさんは、次第に心身の衰えを感じるようになり、自分で不動産の運用を続けていくことが負担になってきました。そこで、長男であるBに不動産の運用を任せ、運用で得た利益を自分の生活費に充てるように頼みました。このとき、AさんとBさんの間で締結される契約が信託契約です。信託契約では、Aさんが委託者及び受益者、Bさんが受託者になります。

　委託者の財産を受託者に移転することで信託が行われます。そのため、財産の名義は委託者から受託者に変更されます。委任契約（何かを行うことを依頼する契約のこと）や寄託契約（物を預けて保管することを内容とする契約のこと）を締結しただけでは、財産の名義人が移転することはありません。財産の名義人が移転するという点は、信託の特徴だといえます。

　信託は、財産の保有者（委託者）にとって以下のようなメリットがあります。

・**委託者の財産を保護する**

　財産の信託契約を締結した場合、財産の所有権は受託者に移転します。委託者に代わり、受託者が財産の管理を行うことになります。

また、たとえ委託者が破産したような場合であっても信託契約の対象となった財産を破産処理の影響から回避することができます。

・**委託者の意思の尊重**

受託者は、委託者に依頼された通りに財産の処分を行うので、信託契約によって委託者の意図通りのことが実現できます。また、委託者は受益者を自由に指定することができるので、たとえば、「受益者はAとするが、Aが死亡した場合にはBを受益者にする」という形での受益者の指定が可能です。

◉ 信託の方法

信託をするには、信託契約の締結、自己信託、遺言による信託、といった方法があります。

信託契約は、委託者になる者と受託者になる者との間で締結します。契約の中で、財産の処分や信託の目的、受託者になる者が行うべきことなどを取り決めます。

信託契約は、書面で締結する必要はありません。委託者と受託者との間で合意をすれば、それで信託契約は成立します。しかし、信託は

■ **信託のしくみ**

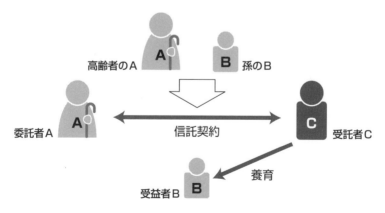

第6章 成年後見に関連するその他の制度

長期間存続する可能性が高く、契約期間中か契約終了後にトラブルが生じる可能性もありますので、通常は信託契約の内容は書面にします。

自己信託とは委託者が自分を受託者とする形式の信託です。たとえば、親が「私は子どもを受益者として私（親）が受託者となって不動産を管理します」と宣言すればそれは自己信託に該当します。

● 遺言による信託と遺言代用信託

信託契約の他に、遺言を利用することでも信託を行うことができます（遺言による信託）。原則として、自筆証書遺言、公正証書遺言、秘密証書遺言のいずれかの方式に従って作成された遺言であることが必要です。

ただし、遺言により受託者を指定しても、その人が受託者になることを承諾しなければ、その人は当然には受託者にはなりません。受託者になる人の承諾を得ているのであれば、通常、遺言による信託をする必要がないことからすると、遺言による信託という方式を利用するメリットはそれほど大きくはないかもしれません。

一方、遺言代用信託とは、たとえば自分が生きている間は自分を受益者として生活費を信託財産の中から受け取り、自分が死んだ後は家族等を受益者とする形式の信託です。信託の内容は、①委託者が死亡した際に受益者が受益権を取得する内容の信託と、②委託者の死亡後に受益者が財産を受け取る内容の信託です。遺言代用信託の場合には、委託者が生きているうちに受託者を指定することからすると、遺言による信託よりも遺言代用信託の方が使い勝手がよいといえます。

● 特定贈与信託とは

心身に重度の障がいを持っている人の多くは、家族の援助によって生活しています。特定贈与信託は、家族の死亡した将来においてもこのような障がい者が引き続き生活していけるように金銭の信託を行っ

ておく制度です。特定贈与信託を利用することによって特別障がい者一人あたり6000万円まで、家族や支援者などから非課税で贈与を受けることができます。特定贈与信託を委託することができるのは、受益者となる障がい者の家族や支援者などの個人に限られます。複数人で共同して委託することも可能ですが、法人からの贈与は一時所得として取り扱われ、課税されることになります。

特定贈与信託の対象者は心身に重度の障がいを持っている特別障がい者に限定されており、具体的には精神障がい者保健福祉手帳1級や身体障がい者手帳1級および2級の者、重度の知的障がい者と認定された者等とされています。

特定贈与信託において、信託することができる財産は、①金銭、②有価証券、③金銭債権、④立木、立木とともに信託される立木の生育地、⑤継続的に他人に賃貸される不動産、⑥受益者である特別障がい者の居住する不動産（①〜⑤までの財産のどれかと一緒に信託されることが必要）、に限定されています。

信託期間は受益者である特別障がい者の死後6か月を経過する日までとされます。あらかじめ期間を定めておくことや、契約途中での解除や取消はできません。しかし、6000万円になるまで信託財産を追加することは可能です。

■ **遺言による信託のしくみ**

```
委託者
 │
遺言 → 受託者を指定 ─┬→ 受託者が承諾  → その人が受託者になる
                    └→ 受託者が拒絶  → 申立てを行い、裁判所が受託者を選任
```

信託財産は信託会社によって運用され、得られた収益は信託財産に加えられます。受益者である特別障がい者の所得となり、所得税計算に含める必要が生じます。

なお、贈与信託を利用する際には信託報酬や租税公課、事務費などの費用がかかり、これらは信託財産から支払われます。

● 非課税措置を受けるための要件など

特定贈与信託は、贈与税について非課税の措置を受けることができる制度です。財産（厳密には、信託財産に係る受益権）の生前贈与という形になるため相続税法の「特別障がい者に対する贈与税の非課税制度」により6000万円（信託財産）を限度として贈与税が非課税になります。

非課税の措置を受けるためには障がい者非課税申告書を、信託会社等を経由して所轄の税務署長に提出することが必要です。

■ 特定贈与信託のしくみ

信託財産の管理・運用

委託者 ←特別障がい者扶養信託契約を締結→ 受託者 —定期金→ 受益者（特別障がい者）

受託者 → 信託に関する計算書／障がい者非課税信託申告書 → 税務署

9 後見制度支援信託について知っておこう

被後見人の財産を守る必要がある

● どのような制度なのか

　後見制度支援信託とは、家庭裁判所が関与することで、被後見人の財産を信託財産として被後見人の財産を守る制度のことをいいます。

　法定後見人は、家庭裁判所の指示に基づき、被後見人の財産を信託財産として信託会社との間で信託契約を締結します。信託会社が受託者、被後見人が委託者兼受益者になります。被後見人の財産のうち、日々の生活に必要な金銭については後見人が管理し、信託財産にはしません。法定後見人の管理する金銭が不足する場合には、家庭裁判所の指示に基づき、銀行から払戻しを受けます。

　後見制度の下では、後見人は大きな権限をもつことになります。しかし、後見人が被後見人の財産を流用してしまうという事例が増加しており、このような後見人の不正行為を防ぐ必要がありました。後見制度支援信託であれば、信託財産を払い戻すには家庭裁判所の指示が必要になります。被後見人の財産からの支出を家庭裁判所がチェックすることができるため、後見制度支援信託を利用すれば、後見人の不正行為を防ぐことができます。

　また、後見制度支援信託を利用すると、被後見人の財産は信託財産となり信託会社等が管理することになります。そのため、財産管理をめぐる家族間のトラブルを防ぐ、財産管理についての後見人の負担を軽減する、といったメリットも期待できます。

● どんな財産が対象になるのか

　後見制度支援信託で信託財産になるのは金銭のみです。金銭以外の

不動産・高価な動産などは信託財産にはなりません。信託財産は、国債・株式などを使って運用されます。信託財産が運用された場合でも、信託が終了した時点では財産を金銭にして受益者に渡されます。

　信託会社等に委託された財産は、信託会社等の下で管理・運用されます。このとき、信託銀行が受託者となった場合は、銀行は元本補てん契約を締結します。元本補てん契約とは、信託財産について損失が生じた場合にはその損失を補てんするという契約のことをいいます。原則的な信託の形態では、信託財産に損失が生じても受託者が自分の財産を使って損失補てんすることは禁止されています。しかし、後見制度支援信託では、十分な財産的基盤をもっている銀行が受託者になるため、元本補てん契約を締結することが可能です。

● 契約手順をおさえておく

　後見制度支援信託は、以下の手順で契約締結を行います。

　まず、後見制度支援信託の利用の前提として、本人の住所地の家庭裁判所に後見開始、あるいは未成年後見人選任の申立てを行います。

　後見制度支援信託を利用する場合、後見人には一定の弁護士あるいは司法書士（専門職後見人）が選任されることになります。

　審判後、専門職後見人が後見制度支援信託の利用の適否について検討し、利用に適していると判断した場合、専門職後見人が信託財産の金額などを設定した報告書を提出します（報告書の提出について裁判所への手数料の納付は不要です）。家庭裁判所は報告の内容を確認し、問題がなければ指示書を後見人に対して発行します。その後、後見人は信託会社等と信託契約を締結し、財産目録の作成・信託条件の設定などを行います。専門職後見人の関与する事務の終了後、財産管理などの事務は親族（親族後見人）に引き継がれます。

　後見制度支援信託は、被後見人の生活を守るための制度です。そのため、被後見人が死亡したり、後見開始審判が取り消された場合には、

後見制度支援信託を続ける意味がないといえるので、その時点で契約が終了します。また、この他にも、信託金額が1回の定期金の額を下回った場合、信託契約が解約された場合、信託会社等が受託者を辞任したような場合にも信託契約は終了します。

◉ 後見制度支援信託の問題点

後見制度支援信託には、①被後見人の財産を信託することになるため、後見人が柔軟に被後見人のための支出ができなくなる可能性がある、②被後見人の流動資産額が1000万円以上であるが、そのほとんどが株式等である場合には後見制度支援信託を利用できない、③信託会社等に対して支払う手数料が高額になってしまう可能性がある、といった問題点も指摘されています。

①の問題点については、家庭裁判所が財産の払戻しについての指示書を迅速に発行することで対処する必要があります。②の問題点については、通常は後見制度支援信託を利用しない方向で進められるでしょう。③の問題点については、信託会社等が受け取る報酬は信託財産の運用益から支払われるため、信託財産の元本が取り崩されることはありません。

■ 後見制度支援信託のしくみ

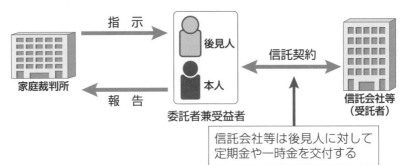

10 生活保護について知っておこう

福祉事務所の判断により、世帯ごとに受給が行われる

● 生活保護受給者の入居申請にどう対応するのか

　生活保護を受給している人であっても、施設に入所することは可能です。生活保護受給者が入所できる施設としては、主に、介護老人保健施設、介護老人福祉施設（特別養護老人ホーム）、養護老人ホームなどが挙げられます。

　なお、入居できる施設は公的な施設に限られているわけではなく、民間の施設であっても入居可能な場合があります。たとえば、有料老人ホームは、一般的に高額な費用を設定しているイメージが強いですが、中には生活保護受給者に対応している施設も存在しています。各施設によって対応が異なりますので、よく確認するようにしましょう。

　ただし、生活保護を受給しながらの施設入居には、各自治体の福祉事務所の判断が大きく影響を及ぼします。福祉事務所を通さずに勝手に入居手続きを進めてしまうと、後々になって入居が認められなかったというケースもあります。そのため、生活保護受給者から施設入居の相談を受けた際には、必ず担当のケースワーカーに連絡を取った上で話を進めていく必要があります。

● 生活保護はどんな人が対象なのか

　生活保護とは、月々の収入が一定以下で、預貯金等の資産もない人に対し、さまざまな扶助を行う制度です。要保護者の最低限度の生活を維持することを目的としています。なお、生活保護は原則として個人ではなく、生計を同一にしている世帯ごとに受給が行われます。

　生活保護を受給できるかどうかの大きな境になる審査項目の1つが、

扶養義務のある親族からの援助です。扶養義務のある親族による援助が期待できる場合は、生活保護を受けられないか、または受けられたとしても減額支給されることになります。

扶養義務のある親族とは、3親等内の親族のことです。このうち、申請者の親、配偶者、子ども、兄弟姉妹といった人は法律上扶養義務があることが明記されていることから、絶対的扶養義務者といわれ、生活保護を申請した場合に、まず、援助できないかが問われます。また、絶対的扶養義務者以外の3親等以内の親族（祖父母や叔父叔母など）については、過去や現在において申請者やその家族を援助している場合など、特別な事情がある場合には扶養義務を負います。この場合に扶養義務を負う人のことを相対的扶養義務者といいます。

● 生活保護の支給基準

生活保護の具体的な支給額を決定する基準となる概念が生活保護基準です。生活保護基準は、その世帯の人数や年齢などによって決められており、ここから最低生活費（水道光熱費や家賃、食費など、生活に必要となる最低限の費用）が算定されます。生活保護基準の金額は市区町村によって異なり、物価の高い地域では基準額も高めに設定されています。なお、最近では平成28年4月に基準額が見直されています（第72次改定）。申請世帯が生活保護の受給対象となるかどうかは、世帯の収入認定額と生活保護基準で定められている最低生活費を比較して判断されます。収入認定額が生活保護基準額より少ない場合は、生活保護が支給され、支給額は原則として最低生活費から収入認定額を差し引いた金額になります。

● どんな給付が受けられるのか

生活保護の支給が決定すると各種の扶助が行われることになり、介護サービスの費用についても支援が行われます（介護扶助といいま

す)。たとえば、65歳以上の生活保護受給者が施設に入所した場合には、介護サービス利用料の9割が介護保険から支給され、残りの1割について生活保護の介護扶助が支給されることになります。これは、生活保護には他法優先の原則があるからです。これと同様に、障害福祉サービスを受けられる場合には、まずは障害福祉サービスの支給を受け、残りの部分を介護扶助がカバーすることになります。なお、介護扶助は、指定介護施設などに委託して行う現物給付が原則になっています。

● 世帯分離について

　生活保護は世帯単位で保護を行う制度ですが、世帯の一部を同居の家族と分けて保護するために、**世帯分離**を行うことがあります。

　たとえば、世帯員のうちに、稼働能力があるにもかかわらず収入を得るための努力をしない者がいる場合、このままではその世帯に属する全員が生活保護による扶助を受けることができません。そこで、他の世帯員が真にやむを得ない事情によって保護を要する状態にある場合には、世帯分離をすることによって、必要な扶助を受けることができるようになっています。

　世帯分離は、常時介護を要する寝たきりの高齢者などがいる世帯で、生活保持義務関係にある者の収入が一定以下である場合や、長期間にわたって入院・入所する者がいる世帯で、世帯分離を行わなければその世帯が要保護世帯となる場合などにも認められています。ただし、世帯分離は、福祉事務所が具体的な事情をふまえた上で、その可否判断をするものです。したがって、要保護者やその家族が要望したからといって、必ず認められるような制度ではありません。

　なお、世帯分離と異なる概念に**別世帯**があります。別世帯とは、家計だけでなく、生活の場も完全に別々であるという状況を意味します。

　両者の概念を混同しないように注意しましょう。

11 死後事務委任契約について知っておこう

自分の死後について、相続以外にも決めておくべきことは多い

● 死後に生じる事務に備える

　万全な準備の総仕上げとして、自分の死後についても考える必要があります。死後、亡くなったことを親族や友人などに伝え、必要な手続き・届出を行ってくれる人は誰なのでしょうか。死後と言うと、すぐに相続を思い浮かべがちですが、その他にも自分の死後に必要となる事務（死後事務）は意外に多いものです。それを見越して準備しておくことは、残された人への思いやりともいえます。主な死後事務には次ページの図に記載するものがあります。

● 死後事務委任契約とは

　自分の死後に生じるさまざまな手続を第三者に行ってもらうように定める契約を**死後事務委任契約**といいます。これは原則として自由に内容を定めることができる契約で、委任契約の一種です。本来委任契約は、契約当事者の一方が死亡すると終了しますが、死後事務委任契約の場合は、本人が死亡した場合に受任者が行うべきことを定めておくことができます。

　死後事務委任契約の結び方は大きく2つに分かれます。一つは、単独で契約する場合です。受任者との間で自分の死後の事務についての契約を結ぶことになりますが、契約書については財産管理委任契約と同様、契約内容の原案（241ページ）を作成した後、公正証書で作成するようにしましょう。一方、財産管理委任契約の特約事項として、死後事務委任契約を含める方法も考えられます。この場合、財産管理委任契約の受任者に、死後事務についても依頼することになります。

信頼できる相手として選んだ人に死後事務も任せたい場合、この特約事項で定める方法をとると、契約関係も複雑にならずにすみます。

● 契約を結ぶときに気をつけなければならない点とは

　自分の死後も関係者ができるだけスムーズに動けるように、事前に準備できるものについては、文書等に残しておくようにします。たとえば、死亡の連絡を行う相手についても、事前にリストアップしておくと、受任者はすばやく動くことができます。葬儀についての希望がある場合は、喪主となる人と相談しておくのが理想的です。家財道具や生活用品などについても日頃から整理するよう心がけ、自分の死後に処分して欲しいものについては連絡先と同様、リストアップしておくとよいでしょう。パソコンや携帯電話など、さまざまな情報が入っている機器の扱いについても、忘れずに破棄処分の指示をしておきましょう。

■ 主な死後事務の種類

- ・死亡の連絡（親族・知人等の関係者）
- ・役所への届出や加入団体等への退会届出
- ・葬儀の準備・手続きなど、お墓の準備（納骨、埋葬など）、永代供養の手続き
- ・医療費の清算
- ・介護施設・老人ホームへの支払い、その他の債務の弁済
- ・遺品の整理・処分とそれについて必要になる費用の支払

書式　死後事務委任契約書

死後事務委任契約書

　委任者北山太郎（以下「甲」という）は、受任者南川正司（以下「乙」という）に対し、甲の死亡後における事務を委任し、乙はこれを受任する。

第1条　甲は、乙に対し、甲の死亡後における次の事務（以下「本件死亡事務」という）を委任する。
　(1)　親族や関係者への連絡
　(2)　葬儀、納骨、埋葬、永代供養
　(3)　医療費・施設利用料など一切の債務弁済事務
　(4)　家財道具・生活用品などの整理・処分
　(5)　行政機関などへの手続き
　(6)　上記(1)から(5)までの事務に関する費用の支払い等

第2条　甲は、乙に対し、前条の事務処理をするにあたり、乙が復代理人を選任することを承諾する。

第3条　第1条第1項の親族および関係者は下記のとおりとし、乙は、甲の死後直ちに連絡する。
　(1)　親族
　　①　妹　北山　恵理
　　②　従弟　東島　四郎
　(2)　関係者
　　①　株式会社ノースマウンテン　総務課
　　②　北丸子町内会　会長　西林　次郎

第4条　第1条第2項の葬儀は、北丸子ホールにて行い、納骨は丸子寺に依頼する。
　2　前項に要する費用は、金300万円を上限とする。

第5条　第1条第3項の債務の弁済にあたっては、それぞれの契約に従って行う。

第6条　第1条第4項の家財道具・生活用品などの整理・処分にあたっては、第3条第1項の親族に形見分けを行い、残余のものについては、乙において処分する。

第7条　行政機関などへの手続きは、法律の定めるところにより行う。

第8条　乙が、第2条から第7条に定める事務を行うにあたり必要な費用に充当するため、甲は乙に1000万円預託する。

2　乙は、第2条から第7条に定める事務を行うにあたり必要な費用を預託金より使用するとともに帳簿に記録し、すべての事務が終了した後、甲の親族に報告する。

3　すべての事務の終了後、第1項の預託金に余りがあるときは、甲の相続財産として、甲の親族に返還するものとし、不足を生じたときは甲の親族に請求する。

第9条　甲は、乙に本契約に基づく事務委任の報酬として、金30万円を支払う。

平成○○年○月○日

　　　　　　　　　　甲　　東京都大田区北丸子二丁目25番17号
　　　　　　　　　　　　　　　　北山　太郎　㊞
　　　　　　　　　　乙　　東京都大田区中丸子一丁目11番8号
　　　　　　　　　　　　　　　　南川　正司　㊞

12 生前契約について知っておこう

自分の葬儀も自分で決めたい人という人におすすめ

● 生前契約について

人生最後のイベントとして、「自分の葬儀も自分らしくしたい」という人が増えています。身内に頼んでおいたり、遺言書に希望を書いてもよいのですが、死んだ後に希望通りになったかを確認する術がない以上、残念ながらそれだけでは安心とは言い切れません。そんな人の選択肢として最近増えてきたのが**生前契約**です。

生前契約とは、本人が生前のうちに、葬儀の予算や内容、所持品の処分方法など死後の事務について、引き受けている専門の事業者と契約しておくことをいいます。この契約を締結しておくと、より確実に自分の遺志通りの葬儀や死後事務を行ってもらうことができます。

● 自分が死んだ後のことをイメージする

生前契約を締結するにあたっては、まず自分が死んだ後に何をどのようにしてもらいたいかということをシミュレートしてみることが必要です。その内容はどんなことでもかまいませんし、いくつ考えても自由です。例としては、次のようなことが挙げられます。

① **誰にどういう形で自分の死を知らせるか**
死んだ直後に知らせるのか、葬儀が終わってから知らせるのか、電話か、手紙か、はがきかなど

② **葬儀の方法や規模はどうするか**
葬儀をする、しない、する場合様式（仏式、神式、キリスト教式、無宗教など）、規模（密葬、家族葬、直葬など）など

③ **遺骨の取扱いはどのようにしたいか**

墓、寺などの納骨堂、散骨、仏壇などでの保管など
④　所有物はどのような形で処分するか
すべて廃棄するか、形見分けするか、売却するかなど
⑤　財産は誰に相続してほしいか
どの財産を誰に相続させるか、相続をさせたくない者はいるか、寄付をするかなど
⑥　祭祀を誰に任せるのか
墓や仏壇を誰に祀ってもらうか、一周忌・三回忌などの法事はしてほしいかなど

　ある程度イメージが固まったら、具体的な希望を検討し、必要に応じて葬祭業者や遺品整理業者、行政書士、弁護士、司法書士、NPO法人など生前契約を取り扱っている事業者に相談・契約します。

● 生前契約はどのように履行されるのか

　契約は、当時者間の合意によって成立し、契約書に記載された期日に履行されます。生前契約も同様に履行されるはずなのですが、生前契約の場合、履行の時期が「依頼者の判断力が認知症などで低下したとき」「依頼者が死亡したとき」など、どうしても不確実になります。しかも、依頼者には確実に契約が履行されたかどうかを確認することができないという不安要素があります。

　このため、生前契約は公正証書によって締結するのが一般的です。まずは、契約内容の原案を作成し、公証役場で契約書を公正証書にしてもらいましょう。さらに、葬儀に関する契約や財産管理の委任契約を公正証書として締結するとともに、公正証書遺言を作成しておくと、遺言執行者が葬儀事業者や財産管理事業者に契約を実行するよう指示をするという形がとれるので、より確実に契約を履行してもらえるようになります。

● 生前契約の費用はどのくらいかかる

　料金は契約の内容や、選択したサービスによってさまざまで、一概には言えません。たとえば葬儀の場合には、祭壇や棺のランク、遺体搬送の費用、会食の費用など、こまごまとしたメニューがあります。遺品整理であれば、遺品の量や処分の方法などによって金額が変わってきますし、任意後見契約の場合などは受任者が誰であるか（行政書士、弁護士、司法書士、NPOなど）によって金額が異なります。

　これらに加え、生前契約の場合、いつ履行になるかわからないという特殊性から、入会金として契約時に数万円から数十万円、管理費、維持費などの名目で月に数千から数万円単位の費用がかかることがあります。管理費や維持費などの費用については、契約期間が長くなればその分、金額がかさんでくるわけですから、決して安いものではないと覚悟しておくべきでしょう。

● 悪質な業者もいるので注意すること

　全国の消費生活センターなどでは、生前契約に関して、契約よりも高額な請求をされた、契約が正しく履行されない、中途解約に応じてくれない、解約金が返却されないといった相談事例が増えています。中には詐欺まがいの悪質な業者がいるので気をつけてください。

　ただ、正当な業者との契約であってもこのような問題が出てくることはあります。これは、生前契約が長期にわたる契約であり、物価変動などで費用が値上がりしたり、途中で契約内容を変更したいという希望が出てくる可能性が高いからです。トラブルに巻き込まれないようにするためには、料金は前払いではなく履行後に支払うしくみのものを選ぶ、物価変動に応じた費用の変更があるか、契約内容の変更、中途解約ができるかなどの点を確認しておくといった注意が必要でしょう。できれば複数の業者とサービスや料金を比較し、一番自分に合った業者と契約を結ぶようにしましょう。

書式　生前契約書

生前契約書

　北山太郎（以下「甲」という）と株式会社北丸子葬儀社（以下「乙」という）とは、甲の死亡後における葬儀他の諸手続きについて以下のとおり契約を締結する。

第1条　甲は、乙に対し、甲の死亡後における次の事務を委任、乙はこれを受諾する。
　(1)　親族や関係者への連絡
　(2)　葬儀の手続き
　(3)　納骨、埋葬、永代供養の手続き
　(4)　賃貸住居の退去手続き
　(5)　一切の債務弁済事務
　(6)　行政機関などへの手続き
　(7)　上記(1)から(6)までの事務に関する費用の支払い等

第2条　乙は、本契約の事務については、乙自身もしくは、乙に雇用された者のみが行い、第三者に再委任しない。

第3条　乙は、甲の死後速やかに以下に記載する甲の親族に連絡する。
　①　弟　北山三郎
　②　妹　西湖花子

2　乙は、甲の親族に対し、甲が遺言書を遺した旨を説明し、公正証書遺言の執行について助言をする。

第4条　前条の他、乙は別表のリストの関係者に連絡をし、通夜、告別式の案内をする。

第5条　乙は、甲の通夜、告別式を北丸子ホールにて仏式にて行い、丸子寺の僧侶に読経を依頼する。

第6条　前条の他、乙は、甲の通夜、告別式の一切の手配を行う。な

お、弔辞は、学生時代からの親友である南島良一に依頼する。

第7条　乙は、甲の遺骨を丸子寺に納骨し、永代供養の手続きをする。

2　戒名については、丸子寺の僧侶に、「技」の文字を入れて名づけるよう依頼する。

第8条　乙は、甲の住居にある家財道具・生活用品などを処分し、甲が賃借していた住居を貸主に明け渡し、賃貸借契約を終了させる。

第9条　乙は、甲の死後、甲の財産を調査し、甲に債務があるときは、すべての債務につき甲の財産よりその弁済を行う。

第10条　乙は、甲の死亡届他、法律の定めるところにより、行政機関に対し必要な手続きを行う。

第11条　乙は、本契約に必要な費用を事前に見積もり、甲はその金額を乙に支払う。なお、その金額に不足があるときは、甲の相続人に対して請求し、残余があるときは、甲の相続人に対して返還する。

第12条　甲は、乙に本契約に基づく通夜、告別式の実施ならびに諸手続きの手数料として、金500万円を支払う。

平成○○年○月○日

　　　　　　　　甲　東京都大田区北丸子二丁目25番17号
　　　　　　　　　　　　　北山　太郎　㊞

　　　　　　　　乙　東京都世田谷区玉川台三丁目1番5号
　　　　　　　　　　株式会社北丸子葬儀社
　　　　　　　　　　　　　代表取締役　東池　二郎　㊞

【監修者紹介】
安部 高樹（あべ たかき）

司法書士（簡裁訴訟代理関係業務認定）。1957年、大分県出身。成城大学大学院文学研究科修士課程修了。コピーライター、雑誌ライターを経て、司法書士となる。現在、長崎県長崎市で開業中。不動産登記、商業登記、債務整理、訴訟などを幅広く手がける。

著作（監修、編著）に、『不動産を「売るとき」「買うとき」の法律マニュアル』『図解で早わかり　不動産登記法』『図解で早わかり　商業登記法』『会社役員の法律と役員規程・変更登記文例集』『個人民事再生のしくみ実践マニュアル』『改訂新版　少額訴訟・支払督促のしくみと手続き実践文例47』『住宅ローン返済と債務整理法実践マニュアル』『改訂新版　商業登記のしくみと手続き』『改訂新版　登記のしくみと手続き』『改訂新版　不動産登記法のしくみがわかる事典』『公正証書と支払督促のしくみとサンプル集34』『三訂版　不動産登記の法律と申請手続き実践マニュアル』『不動産登記の法律と手続きがわかる事典』『法人設立　実践マニュアル』『株式会社の議事録と登記 作成法と記載例93』（小社刊）、『不動産登記簿の見方と法律知識』『商業登記簿の見方と法律知識』（共に同文舘出版）、『株式会社の変更登記手続きと書式一切』（日本実業出版社）がある。

司法書士安部高樹事務所サイト（ホームページ）
http://www.shihoo.com

すぐに役立つ
入門図解　最新
成年後見のしくみと申請手続き

2016年11月10日　第1刷発行
2017年7月30日　第2刷発行

監修者	安部高樹（あべたかき）
発行者	前田俊秀
発行所	株式会社三修社
	〒150-0001　東京都渋谷区神宮前2-2-22
	TEL　03-3405-4511　FAX　03-3405-4522
	振替　00190-9-72758
	http://www.sanshusha.co.jp
	編集担当　北村英治
印刷所	萩原印刷株式会社
製本所	牧製本印刷株式会社

©2016 T. Abe Printed in Japan
ISBN978-4-384-04734-9 C2032

[JCOPY]〈出版者著作権管理機構 委託出版物〉
本書の無断複製は著作権法上での例外を除き禁じられています。複製される場合は、そのつど事前に、出版者著作権管理機構（電話 03-3513-6969 FAX 03-3513-6979 e-mail: info@jcopy.or.jp）の許諾を得てください。